Ludwig Schwabe

Die kaiserlichen Decennalien und die alexandrinischen Münzen

Ludwig Schwabe

Die kaiserlichen Decennalien und die alexandrinischen Münzen

ISBN/EAN: 9783743661516

Hergestellt in Europa, USA, Kanada, Australien, Japan

Cover: Foto ©Andreas Hilbeck / pixelio.de

Weitere Bücher finden Sie auf **www.hansebooks.com**

VERZEICHNIS
DER
DOKTOREN
WELCHE
DIE PHILOSOPHISCHE FAKULTÄT
DER
KÖNIGLICH WÜRTTEMBERGISCHEN EBERHARD-KARLS-UNIVERSITÄT
IN
TÜBINGEN
IM DEKANATSJAHRE 1895—1896
ERNANNT HAT.

BEIGEFÜGT IST EINE ABHANDLUNG:

DIE KAISERLICHEN DECENNALIEN
UND
DIE ALEXANDRINISCHEN MÜNZEN
VON
Dr LUDWIG SCHWABE
ORD. PROFESSOR DER KLASSISCHEN PHILOLOGIE UND ARCHAEOLOGIE
VORSTAND DER ARCHAEOLOGISCHEN SAMMLUNG.

TÜBINGEN 1896.
DRUCK VON W. ARMBRUSTER & O. RIECKER.

Unter dem Dekanat des Professors Dr. H. Fischer wurden zu Doktoren ernannt:

1895.

Wilhelm Reinecke aus Göttingen	16. Mai
Karl Malzacher aus Ellwangen	27. Juni
Oskar Bensow aus Stockholm	27. Juni
Max Schmid aus Eßlingen	23. Juli
Richard Preiser aus Biberach	25. Juli
Albert Beyschlag aus Freimersheim	25. Juli
Moriz Wiener aus Lipnik (Galizien)	31. Juli
Dragoljub M. Pavlovic aus Knjazevac (Serbien)	1. August
Berthold Pfeiffer aus Stuttgart	1. August
Bodo Knüll aus Eschershausen	1. August
Alfred Tiene aus Barmen	5. August
Gustav Wachenheimer aus Biebesheim	7. August
Heinrich Berger aus Gießen	31. Oktober
Karl Bailey Hurst aus Prag	31. Oktober
Johann Hammelrath aus Emmerich	21. November
Victor Ernst aus Marbach	28. November
Gustav Pfeiffer aus Stuttgart	12. Dezember
Max Schmick aus Köln	12. Dezember
Friedrich Quilling aus Frankfurt a. M.	19. Dezember
Leopold Lucas aus Berlin	19. Dezember
Victor Auburtin aus Berlin	19. Dezember

1896.

Friedrich Hohrmann aus Bremen	27. Februar
August Thiel aus Breslau	27. Februar
Heinrich Lutz aus Ulm	29. Februar
Otto Leibius aus Stuttgart	29. Februar
Otto Hafner aus Tübingen	29. Februar
Moses Fried aus Zbaraz (Galizien)	5. März
Karl Hartmann aus Sindelfingen	12. März

Erneuert wurde das Diplom den Herren

Karl Eberhard Fuchs, Ephorus a. D. in Stuttgart	12. Sept. 1895
Wilhelm Basse, Pfarrer und Konsistorialrat in Frankfurt	13. Dez. 1895.

DIE

KAISERLICHEN DECENNALIEN

UND

DIE ALEXANDRINISCHEN MÜNZEN

VON

Dr LUDWIG SCHWABE
ORD. PROFESSOR DER KLASSISCHEN PHILOLOGIE UND ARCHAEOLOGIE
VORSTAND DER ARCHAEOLOGISCHEN SAMMLUNG.

I

1. Auf der Rückseite späterer alexandrinischer Kaisermünzen [1]) findet sich nicht selten neben dem Hauptbilde ein Palmzweig als Beizeichen. Seit wann, wie lange und in welcher Weise kommt er vor und was bedeutet er? Schon G. Zoega (numi Aegyptii p. 270) bemerkt daß der Palmzweig unter Severus Alexander auf den alexandrinischen Münzen sich zuerst einstelle; er werde dann später so häufig daß die Münzen mit dem nämlichen Bilde und aus dem nämlichen Jahre bald mit dem Palmzweig bald ohne ihn vorkommen. Dieses Beizeichen, meint er, scheine zuerst dazu gedient zu haben den Kaiser zu beglückwünschen, dann sei es zu einem Unterscheidungszeichen der verschiedenen Münzstätten (Münztische) geworden, so etwa wie der Stern unter Aurelian und einzelne Buchstaben unter Diocletian auf den Alexandrinern.

1) Abkürzungen: B = Catalogue of Greek coins in the British Museum. Alexandria, Lond. 1892. D = Collections Giov. di Demetrio. Numismatique. Égypte ancienne. Deuxième partie: Domination Romaine par F. Feuardent, Paris (1872; ich bedaure daß die zweite verbesserte Auflage dieses Werkes, welche auch die späteren sehr beträchtlichen Erwerbungen Demetrio's enthalten soll, noch nicht erschienen ist. Das Manuscript dazu ist fertig gestellt. Die Sammlung befindet sich durch Vermächtnis ihres früheren Besitzers in Athen). M = Description de médailles antiques par T. E. Mionnet, tome VI, Paris 1813. Ms = zu demselben Werke das Supplément, tome IX, Paris 1837. Z = Numi Aegyptii imperatorii prostantes in museo Borgiano Velitris adiectis praeterea quotquot reliqua huius classis numismata ex variis museis atque libris colligere obtigit (ed. G. Zoega), Rom 1787.

Außerdem werden gelegentlich Kataloge von Münzsammlungen nach Besitzer oder Ort kurz angeführt, z. B. Gréau (Katalog von H. Cohen, Paris 1867), Hedervar (Wicray: der Katalog von F. Carroni, Wien 1814; der von D. Sestini, Flor. 1829), Heideken (Katalog von A. v. Rauch Berlin 1845), Huber (Lond. 1862, leider ungenügend: ich suchte vergebens Huber's handschriftlichen Katalog zu erhalten; man weiß in Wien nichts über dessen Verbleib), Lavy (Turin 1839 Neapel (Museo Nazionale, Nap. 1870), Rollin-Feuardent (Paris 1864), Feuardent 1893 (aus dessen Münzvorräten), Turin (Katalog von A. Fabretti, Turin 1883). Für mancherlei gütige Auskunft, welche den folgenden Untersuchungen förderlich war, bin ich zu Danke verpflichtet den Herren Vorständen und Beamten der öffentlichen Münzsammlungen zu Athen, Berlin, Frankfurt a. M., Gotha, Kopenhagen, London, München, Osnabrück, Paris, St. Petersburg, Stuttgart, Wien; ebenso den Herren F. Imhoof-Blumer in Winterthur und A. Löbbecke in Braunschweig für Mitteilungen aus ihren Sammlungen.

Eingehender und erfolgreicher hat Eckhel (doctrina numorum veterum IV 86. 92) über diese Frage gehandelt.

Er behauptet in Übereinstimmung mit Zoega daß der Palmzweig [1]) zuerst auf den alexandrinischen Münzen des Severus Alexander (und dessen Mutter Mamaea) vorkomme, aber er verschärft und beschränkt Zoega's Meinung. Alle Münzen des Alexander und der Mamaea aus dem zehnten bis vierzehnten Regierungsjahre Alexanders haben (so sagt er) diesen Palmzweig, und er fehlt auch dann nicht wann sich im Hauptbild schon ein Palmzweig findet, z. B. wann Nike mit der Palme oder der Adler mit der über dem einen Flügel liegenden Palme oder Hermes (Hermanubis) mit dem in eine Palme oben auslaufenden Kerykeion oder mit der Palme allein dargestellt ist.

Dann findet sich nach Eckhel jenes Beizeichen erst unter Gallienus wieder und bei seiner Gemahlin Salonina, und auch hier erst seit Gallien's zehntem Regierungsjahr, aber mit einer Einschränkung: auf den Münzen aus Jahr 10 und 11 sei der Palmzweig bald vorhanden, bald fehle er, dagegen auf den Münzen der Jahre 12—15 finde er sich stets, abgesehen von denjenigen Münzen in deren Hauptbild die Palme schon vertreten ist (s. oben). Hier werde durch die Palme im Hauptbilde das Beizeichen ersetzt. Nach Gallienus erscheine der Palmzweig erst wieder unter Diocletian und auch hier erst seit dessen zehntem Regierungsjahr.

Als Ausnahme von der bisher festgehaltenen Regel, wonach dieses Beizeichen nur im Regierungsjahr 10 und den folgenden vorkomme, erkennt Eckhel nur einen Alexandriner an aus Jahr 2 des Domitius Domitianus, dem er aber, da er auch sonst von dem auf den Alexandrinern Üblichen abweiche (s. unten § 4. § 5), kein besonderes Gewicht beilegt.

Eckhel erklärt nun jenen Palmzweig als Hinweis auf die Decennalienfeier der Kaiser. Dadurch werde verständlich daß dieses Beizeichen nur auf den Münzen derjenigen Kaiser sich finde welche zehn und mehr Jahre regiert haben, und auch bei diesen nur vom zehnten Jahre ab.

2. Ist Zoega's und Eckhel's erste Beobachtung richtig? Erscheint wirk-

---

2 Es erscheint stets nur ein Palmzweig als Beizeichen auf den Alexandrinern. Ganz vereinzelt steht die Münze aus Gallienus' LIB des Mus. Theupoli II p. 1184 (daraus M 3306): *aquila alis expansis, hinc et inde palmae ramus*. Ein solches Bild findet sich sonst nirgends. Die naheliegende Vermutung daß die Münze unrichtig beschrieben sei und vielmehr den Adler zeige der mit ausgebreiteten Flügeln einen Kranz unterstütze, worin LIB steht, wird mir von Wien (das Museo Tiepolo ist in die dortige kaiserl. Sammlung übergegangen) bestätigt. Diese Gallienus-Münze ist sehr häufig (s. unten S. 14 Abb. Nr. 9 und S. 21 Anm. 22).

lich der Palmzweig als Beizeichen nicht vor Severus Alexander auf den Alexandrinern? Beizeichen (Symbole) sind auf den alexandrinischen Kaisermünzen überhaupt seltener als in vielen anderen Münzgruppen. Sie kommen häufiger vor nur im Anfang und Ausgang der alexandrinischen Prägung, als entweder eine feste Regel noch nicht gefunden oder diese bereits gelockert war. Schon der Umstand daß das Feld durch das Datum eingenommen wurde ließ die Beizeichen weniger aufkommen.

Aber ganz fehlt der Palmzweig vor Severus Alexander nicht, doch wird er nur ganz selten und in anderem Sinne angewandt als später. Später wird er ohne sachlichen Zusammenhang mit dem Hauptbilde diesem beigesetzt, vor Alexander hat er zu ihm meistens eine mehr oder weniger enge Beziehung. Am häufigsten erscheint er so der Büste des Hermanubis als Beizeichen hinzugefügt. Dessen Attribute sind das Kerykeion und der Palmzweig oder eines von beiden oder beide in eines vereinigt (s. unten § 13). Der Palmzweig bezeichnet also in gleicher Weise die Büste des Hermanubis wie auf anderen Alexandrinern die Büsten von Zeus, Poseidon, Nil, Isis, Eirene, Selene als Beizeichen Blitz, Dreizack, Füllhorn, Sistrum, Kerykeion, Halbmond neben sich haben. Dieser Hermanubis mit dem Palmzweig als Beizeichen findet sich unter Hadrian (Jahr 11 Pot. 6 in Frankfurt a. M., Stadtbibliothek; J. 18 M 1176. D 1401. Gréau. Berlin [s. Abbildung Nr. 1]; J. 19 M 1231. B 770), Antoninus Pius (J. 2 B 1135; J. 4 M 1457; J. 5 M 1502. Z 174,105. D 1612. Gréau; J. 7 Ms 275. Heideken; J. 8 D 1669; J. 21 M 1888. Turin 7374), Faustina d. j. (J. 3 D 2156), Commodus (J. 23 Ms 454), Elagabal (J. 5 M 2481) und Aquilia Severa (J. 5 D 2370).

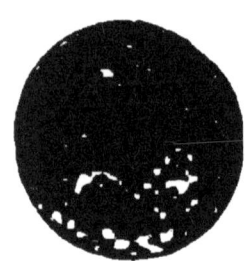

Nr. 1.

Sodann findet sich die Palme als Beizeichen auf einigen die Isis betreffenden Typen, namentlich wann Isis den Harpokrates (Horos) säugt. So unter Hadrian (J. 6 B 761; J. 16 M 1137. Turin 6880. Feuardent 1893. Löbbecke [s. Abb. Nr. 2]), Antoninus Pius (J. 8 Turin 7183; J. 12 M 1753. Z 197,288 m. Abb. Hedervar 6714. Neapel. Tübingen) und L. Verus (J. 4 M 2247; J. 7 Ms 439).

Nr. 2.

Auch hier bezieht sich der Palmzweig sachlich auf das Hauptbild: das zeigt M 1697 (Antoninus Pius J. 10, auch Lavy 3860?), wo bei derselben Darstellung statt des Palmzweigs ein Palmbaum sich findet, und M 2043 (M. Aurel J. 4, aus Z 218, 75 mit Abb.), wo bei derselben Darstellung ein Palmzweig einem vor Isis stehenden Idol hinzugefügt ist. Deshalb hat auch die Münze mit den Büsten des Serapis und der Isis aus J. 5 des Antoninus Pius (M 1499 = Z 173, 93, daselbst abgebildet) vor dem Isiskopf den Palmzweig. Der Palmzweig bei Isis ist nicht unberechtigt. Er erscheint auch auf anderen Darstellungen dieser Göttin neben ihr, (so z. B. auf Gemmen, vgl. das Verz. d. geschn. Steine zu Berlin 1827 S. 5, Nr. 57. 60), und in der Isis-Prozession bei Apuleius met. XI 10 trägt der dritte Priester *palmam auro subtiliter foliatam nec non Mercuriale etiam caduceum*, also die sonst dem Hermanubis eigentümlichen Attribute; vgl. Apul. met. XI 11. — Übrigens ist dieses Beizeichen öfters eigentümlich gestaltet: von den oben verzeichneten Alexandrinern des Hadrian aus J. 6 und 16 zeigen die Exemplare des britischen Museums und des Herrn A. Löbbecke, wie die mir vorliegenden Abdrücke lehren, (letzteres Exemplar ist oben als Nr. 2 abgebildet) nicht den einfachen Palmzweig, sondern einen in seinem oberen Teil mit einem kleinen quer stehenden Rechteck versehenen (s. die Abbildung), und ganz dieselbe Form hat der Palmzweig welchen auf einer Silberschale von Pietraossa ein zwischen Isis und Nil stehender langlockiger Jüngling (mit Modius auf dem Kopf und in der R. Mohnstengel), gewiß Hermanubis, in der Linken trägt (Archäol. Zeitung XXIX, Taf. 52). Wie erklärt sich diese Form des Palmzweigs? Der Annahme daß etwa auch hier eine Verbindung von Palme und Kerykeion gemeint sei ist der Augenschein nicht gerade günstig.

Außerdem findet sich vor Severus Alexander der Palmzweig als Beizeichen nur sehr spärlich und ganz vereinzelt. So aus Hadrian's J. 17 (B 743, dort abgebildet: Serapiskopf auf ausgebreitetem Adler; auch D 1375 und in Tübingen, s. Abb. Nr 3. — M 1139 fehlt der Palmzweig) und aus Elagabals J. 1 (M 2455 Büste der Athene, allerdings nur durch Arigoni bezeugt). Auch in diesen beiden Fällen ist eine sachliche Beziehung des Beizeichens zu dem Hauptbilde nicht zu verkennen, sofern der Adler mit dem Attribut der Palme unzähligemale ausgestattet ist, und der Athene als der siegverleihenden Göttin vor allem die Palme eignet (s. auch unten § 5

Nr. 2.

Schluß). Also bestätigen die sehr seltenen und an sich wohlverständlichen Ausnahmen den Eckhel'schen Satz.

3. In anderer Beziehung sind freilich Eckhel's Behauptungen erheblicher zu beschränken.

Nr. 4

Nr. 4

A. v. Sallet (die Daten der alexandrinischen Kaisermünzen, Berlin 1870, S. 61) hat bereits bemerkt daß derselbe Palmzweig auch auf dem Großkupfer des Philippus I, seiner Gemahlin Otacilia und des Sohnes beider, Philippus II, (s. die Abb. 4 [Philippus I]. 5 [Otacilia] und 6 [Philippus II]) aus Jahr 6 des Philippus I erscheint, und zwar in offenkundiger Nachahmung des unter Severus Alexander im J. 10 auftretenden alexandrinischen Großkupfers mit dem Palmzweig (s. darüber unten S. 16). Einleuchtend richtig hat v. Sallet vermutet daß diese (damals ungewöhnliche) Prägung von Großkupfer, welche mit dem J. 5 des Philippus I beginnt, auf die Feier des tausendsten Jahres der Stadt Rom im J. 248 Bezug hat.

Nr. 5.

Gefeiert wurde, wenn man dem bei den früheren Saecularspielen üblich gewesenen Brauche folgte, das tausendjährige Reich in Rom im Hochsommer (Preller-Jordan, röm. Mythologie³ II 89,2) d. i. gegen Ende des fünften alexandrinischen Jahres des Philippus I, und zwar mit dem größten Prunk (s. die Stellen bei Clinton, fasti Rom. p. 264. 265 und den Chronographen vom J. 354 p. 647 *ki saeculares veros in Circo Max. ediderunt*). Auch viele römische Münzen mit den Inschriften MILIARIVM SAECVLVM, SAECVLVM NOVVM, SAECVLARES AVGG., ROMA AETERNA verewigten das Fest. In Alexandrien wird dieses Jubiläum des tausendjährigen Reiches erst später, etwa im Herbst des J. 248, gefeiert worden sein, im Anfang des sechsten alexandrinischen Jahres des Philippus, welches am 29. August 248 begann (R. St. Poole, Greek coins in the British Museum, Alexandria p. XXII). Daher erscheint der Palmzweig auf diesem Großkupfer regelmäßig erst im J. 6³) des Philippus.

v. Sallet meint (a. a. O. S. 61, Note 138) daß auf allen Großbronzen des J. 6 des Philippus der Palmzweig sich finde, und mit Recht. Freilich scheint dieser mehrfach, selbst nach dem Zeugnis sonst sorgfältiger Gewährsmänner zu

---

3) Turin 8072 ist die einzige mir bekannte Großbronze mit dem Beizeichen des Palmzweigs aus Jahr 5 des Philippus I (das ja an sich sehr wohl verständlich ist): aber D 2827 hat, obwohl unter D 2827 *bis* derselbe Typus ohne Palme beschrieben wird, nach Postolakas' ausdrücklichem, mir von Herrn Svoronos bestätigten Zeugnis, (s. B p. XXI Note) die Palme nicht.

fehlen. So z. B. bei M 3078 (auch bezeugt bei D 2838), bei D 2835 und 2868ter [4]). Aber keines dieser Exemplare ist beweiskräftig. Denn D 2835. 2838 und 2868ter haben sämtlich, wie mir bezeugt wird, den Palmzweig, und M 3078 ist, ebenfalls nach ausdrücklicher Mitteilung, so schlecht erhalten daß über das Vorhandensein oder Fehlen des Palmzweigs nichts gesagt werden kann. Zudem ist jede dieser drei Großbronzen sonst als mit dem Palmzweig ausgestattet bezeugt, die erste im Katalog Seyffer, München 1891, Nr. 1522, die zweite bei M 3080 und B 1999 und die dritte bei M 3109.

Jenes Großkupfer der Philippi tritt daher in Widerspruch mit der Ansicht Eckhel's, daß die Palme auf die Decennalien der Kaiser hindeute. Ist jedoch der durch sie begründete Widerspruch gewichtig genug um Eckhel's Ansicht zu Falle zu bringen? Die Antwort auf diese Frage wollen wir zunächst verschieben (s. S. 15).

4. Aber ist sonst Eckhel's Ansicht ohne Ausnahme giltig?

Eckhel selbst muß den Palmzweig im Jahr 2 des Domitius Domitianus anerkennen (s. oben S. 4). Allerdings hat von den wenigen alexandrinischen Münztypen dieses kurzlebigen Herrschers (es sind ihrer, von kleinen Varietäten abgesehen, vier), die zudem alle höchst selten vorkommen, nur einer das Beizeichen der Palme, nemlich der gehende Serapis (Mus. Theupoli II p. 1190. M 3410 = Cohen-Feuardent, monnaies impériales [2] VI 12 mit Abbildung. D 3491 mit Abbildung. B 2623 mit Abbildung. B 2624), und auch dieser Typus findet sich ohne Palme (Ms 604).

Aber, was Eckhel nicht wußte, auch auf anderen späten Alexandrinern erscheint der Palmzweig, und zwar erscheint er in nächster zeitlicher Nähe des Domitius Domitianus, wodurch sein Auftreten auch bei letzterem sich leichter erklärt.

Er findet sich nämlich auch auf den Münzen der Caesares Constantius I und Galerius Maximianus, zwar selten, aber die Thatsache steht sicher, so auf Münzen des Constantius aus J. 2 M 3811 (Elpis, auch in Osnabrück) und aus J. 4 B 2608 (Elpis) und Ms 681 (Nike); sodann des Galerius Maximianus aus

---

4) Die bei M 3076 aus Zoega 291,66 angeführte Großbronze des J. 6 ohne Palme habe ich hier nicht angeführt, weil es damit eine andere Bewandtnis hat. Jene Münze ist sonst nirgends nachgewiesen und befindet sich nicht in der Pariser Sammlung, wie Mionnet, entgegen der Angabe Zoega's, ausdrücklich bezeugt. Wahrscheinlich war das Jahr verlesen worden, d. h. statt des richtigen LE hatte Zoega LS gelesen. Diese Münze, ein Großkupfer mit LE und ohne Palme, ist wohlbekannt und häufig. Sie ist verzeichnet bei M 3062 (in Paris, das wird eben die von Zoega gesehene Münze sein), D 2826, Zoega 290,52 (aus Sammlung Borgia), B 2001, Turin 8071 u. a.

J. 1 Zoega 343, 1 aus der Sammlung Borgia = M 3821, auch in der Sammlung Huber 1206: doch ob mit Palme? s. auch Huber in der (Wiener) Numism. Zeitschr. III 297 (Elpis), und aus J. 4 B 2621 (Adler mit dem Kranz im Schnabel, auch in Osnabrück) und in Osnabrück (Elpis).

Aus diesen Münzen, zusammengenommen mit denen des Domitius Domitianus, ergiebt sich daß seit Diocletian beim Ausgange der alexandrinischen Münzprägung die Beziehung der Palme zur Decennalienfeier verloren gegangen war.

Bei Diocletian bestand noch diese Beziehung nach Eckhel, und der Thatbestand scheint ihm Recht zu geben. Der Palmzweig kommt zwar auf den Münzen Diocletians von J. 10 und fll. ganz unregelmäßig vor und nicht eben häufig, aber er stellt sich erst im J. 10 ein. Ebenso verhält es sich auch, was gleichfalls Eckhel übersehen hat, mit den Münzen des Mitregenten Diocletians, des Valerius Maximianus. Seine Münzen mit der Palme sind freilich recht selten, aber sie finden sich nur aus LI und LIA. Vgl. M 3793 (Elpis = Zoega 342, 61 aus der Sammlung Borgia, mit Abbildung) aus LI (bei M 3794 derselbe Typus aus demselben Jahr ohne Palme), Ms 671 (Adler mit Kranz im Schnabel) aus LIA), D 3476 (Serapisbüste) aus LIA (bei D 3475 derselbe Typus aus demselben Jahre ohne Palme), Ramus, mus. reg. Dan. I p. 384, 27 (Elpis) aus ALI. [5]

5. Obgleich also auch dieser Thatbestand der Auffassung Eckhels im ganzen günstig ist, so fragt es sich dennoch ob nichts der Beziehung des Palmzweiges auf die Decennalien, auch ungerechnet die schon besprochenen Münzen der Philippi, widerspricht, im besonderen ob von Anfang jener Bezug auf die Decennalien bestanden hat.

Eckhel versichert kurzweg (doctrina num. IV 92): abgesehen von dem (S. 4 erwähnten) Domitius Domitianus aus J. 2 [6]) beruhen alle in den älteren

---

[5]) Eine Münze des Valerius Maximianus mit der Palme LIA aus der Sammlung Kennard (das Hauptbild ist nicht angegeben) findet sich erwähnt B p. XXIII. Auch in Osnabrück findet sich aus ALI des Valerius Maximianus die oben angeführte Elpis mit der Palme. — Zu beanstanden ist bis auf bessere Bezeugung M 3717, aus Banduri, numism. impp. Rom. II p. 80a herübergenommen (Nike aus LA mit Palme). Sonst ist mir nur noch von Münzen mit der Palme aus niedrigeren Jahren als J. 10 bekannt M 3760 = Zoega 341, 45 (Elpis mit ZI und Palme), allerdings aus der Sammlung Borgia, also von Zoega gesehen. Dagegen findet sich der Elpis-Typus aus J 7 sehr häufig, aber stets ohne Palme, vielmehr mit oder ohne Stern. Ob die Borgia'sche Münze nicht LI hatte, wie die oben erwähnte M 3793?

[6]) Eckhel sucht (a. a. O. p. 93) die Bedeutung dieser Münze dadurch abzuschwächen daß er, außer dem ihm der Palme wegen anstößigen J. 2, noch anderes nennt als mit dem Herkommen streitend. Mit Recht findet er es freilich auffällig daß auf der Hauptseite Domitius Domitianus die

Münzverzeichnissen aufgeführten alexandrinischen Kaisermünzen welche den Palmzweig als Beizeichen haben und aus einem Regierungsjahre unter dem zehnten stammen sollen auf irriger Lesung. Dieser Irrtum ist in der That sehr oft vorgekommen. Eckhel sagt selbst daß die Münze aus Gallienus' LΓ (Eirene) mit dem Palmzweig, welche er in seinem Catal. Musei Caesarei num. vett. I 277 verzeichnet hatte, vielmehr das Datum LIΓ zeige, und Mionnet, welcher 2612 (Athenekopf) und 2614 (Nike mit zwei Tropäen u. s. w.), beides Pariser Exemplare, aus LΓ des Severus Alexander je mit Palme verzeichnet hatte, verbessert diese Angabe im Suppl. 514 und 515 dahin daß auf beiden vielmehr LIΓ zu lesen sei.

Aber auch in den neueren und zuverlässigsten Verzeichnissen alexandrinischer Kaisermünzen, bei dem eben genannten Mionnet, im Feuardent'schen Katalog der Sammlung Demetrio und in dem des britischen Museums finden sich nicht ganz wenige Münzen aus einem Regierungsjahr unter dem zehnten genannt welche den Palmzweig haben sollen. Kann man auch diese alle als irrig beschrieben beseitigen?

Mir sind folgende bekannt [1]):

Münzen aus niedrigen Regierungsjahren (unter LI) mit dem Palmzweig.

I des Severus Alexander:

Strahlenkrone trage; aber mit Unrecht behauptet er, diese komme nach Nero auf Alexandrinern nicht mehr vor. Denn sie findet sich auf zahlreichen Alexandrinern des Domitian, Trajan, Antoninus Pius und L. Verus. Nach L. Verus allerdings kenne ich keine sicheren Beispiele. M 3251 des Gallienus ist aus Bamduri übernommen). Übrigens ist die Münze mit dem stehenden (gehenden) Serapis die einzige auf welcher Domitius Domitianus die Strahlenkrone sicher hat. Bis auf weiteres unglaubwürdig ist die freilich von Zoega (324, 1) selbst gesehene Münze des Mus. Bracciani mit Nike auf der Rs., die gleichfalls den Kaiser mit Strahlenkrone zeigen soll. Die Domitianus-Münzen mit dem Nike-Bild, unter den so seltenen die häufigsten, zeigen sonst stets den Kaiser mit dem Lorbeer. Einen Versuch die Strahlenkrone des Domitianus zu erklären s. bei v. Sallet, die Daten der alex. Kaisermünzen S. 96. — Sodann beanstandet Eckhel an jener Münze des Domitius Domitianus daß sie den Serapis schreitend darstelle, der sonst sich ruhig stehend finde. Es ist spitzfindig zwischen gehen und stehen auf diesen kleinen und oft flüchtig gearbeiteten Münzdarstellungen immer sicher unterscheiden zu wollen und solchem Unterschiede eine maßgebende Bedeutung beizulegen. Hier aber bedarf es dessen nicht einmal. Der bald linkshin, bald rechtshin gewandt gehende (stehende) Serapis mit dem Modius auf dem Haupte, der die rechte Hand erhebt und in der linken Hand das Szepter quer oder senkrecht hält, erscheint auf den Alexandrinern seit Severus Alexander, und zwar in dessen J. 4. 5. 10 (Grenu 3260). Fernerhin je aus J. 3 bei Trebonianus Gallus, Volusianus, Valerianus (D 2974, Stuttgart), Carinus (M 633) und Diocletianus (M 3641. B 2528). Und genau eben dieses Bild findet sich auf der Münze des Domitius Domitianus. Demnach ist auch diese Beanstandung Eckhels nicht triftig.

7) Die bei Mionnet aus älteren Katalogen herübergenommenen Münzen bleiben hier, wie billig, außer Betracht: nur die von Mionnet selbst gesehenen Pariser Exemplare werden berücksichtigt.

1. M 2604 (Athenekopf) LB
2. M 2625 (Zeuskopf) LΔ
3. Ms 505 (Elpis) LS

II der Mamaea:
4. D 2541 (Isiskopf) LΓ
5. M 2752 (Homonoia) LΔ
6. B 1721 (Zeuskopf) LΔ
7. B 1722 (Zeuskopf) LZ

III des Gallienus:
8. D 3008 (Athene stehend) LB
9. D 3013 (Homonoia) LΓ
10. M 3257⎫
11. D 3024⎭ (Roma Nikephoros sitzend) LΔ
12. M 3265⎫
13. D 3029⎭ (Adler mit Kranz im Schnabel) LΕ

IV der Salonina:
14. D 3114 (Elpis) LB
15. D 3115 (Roma Nikephoros sitzend) LB
16. D 3124 (Adler mit Kranz im Schnabel) LΔ
17. Ms 597 (Dikaiosyne) LII.

Alle diese Münzen sind große Seltenheiten oder, mit anderen Worten, sie sind nur sehr spärlich bezeugt. Fast alle sind mir nur aus dem einzigen Exemplar bekannt das oben angeführt ist.

Ferner kommen fast alle oben bezeichneten Münzen auch aus dem Jahr 10 und den folgenden vor, und zwar gerade aus den Jahren welche den etwa vorauszusetzenden Lesefehler am besten erklären würden. Dabei ist noch zu erinnern an die übergroße Freiheit in Stellung, Gruppierung, Trennung und Verbindung der einzelnen Elemente der Jahrzahlen auf den Alexandrinern, wodurch auch ein sorgfältiger und kundiger Beobachter sehr leicht getäuscht werden kann. Alles dies wird sich bei Betrachtung der einzelnen Münzen auch hier bestätigen. Trotzdem sind einige der oben genannten Stücke als Ausnahme von der Eckhel'schen Regel anzuerkennen.

Nr 1, angeblich aus LB, findet sich häufig aus LIB (M 2707. D 2503. B 1603 mit Abbildung. Turin 7847. Stuttgart). Die Münze Nr 1, einst aus der Pariser Sammlung von Mionnet verzeichnet, befindet sich jetzt nicht mehr im Cabinet de France. Sie wird wohl nach richtigerer Lesung unter LIB gelegt worden sein. — Nr 2, angeblich aus LΔ, ist sehr häufig aus LIΔ (M 2728.

2*

D 2529. B 1591. Sanclemente III 58. Huber. Stuttgart) und nun erfahre ich wirklich aus Paris daß diese Münze (jetzt Nr 2895) das Datum LIΔ hat. — Nr 3 aus LS. Das betreffende Bild (Elpis) ist sonst nur auf Münzen aus Alexanders J. 10 und den folgenden (nämlich aus LI LIA LIB LIΔ) nachgewiesen. Außerdem soll die Münze eine Großbronze sein (Æ 8): Großbronzen kommen aber bei Severus Alexander sonst nur im J. 10 vor (s. unten S. 16). Stand also etwa auf Nr 3 die Jahrzahl zehn? Auch dies wird nun aus Paris bestätigt. Diese Münze (jetzt Nr 2931) ist nicht gut erhalten, vom Datum sieht man aber LI. — Nr 4 hat, wie aus Athen bestätigt wird, die Palme neben LI'. — Nr 5 mit LΔ und mit Palme wird aus Paris bestätigt (sonst erscheint dieselbe Münze aus demselben Jahr ohne Palme, Z 275, 3. D 2542. Rollin-Feuardent, catalogue, Paris 1864, Nr 8987bis). — Nr 6 aus LΔ. Dieselbe Münze findet sich häufig aus LIΔ (Z 277, 35. M 2798. D 2581) und auch Nr 6 hatte, wie der mir vorliegende Abguß zeigt, wahrscheinlich das Datum LIΔ, jedesfalls ist LΔ ganz unsicher. — Nr 7, hat, wie der vorliegende Abguß beweist, keinen Palmzweig und ihn auch nie gehabt. — Nr 8 hat Palmzweig und LB, aus Athen bestätigt, ebenso Turin 8195 (sonst sehr häufig aus LIB M 3300. D 3080. B 2164. 2166 u. s. w.). — Nr 9 bei Feuardent ist die Palme nicht angegeben, sie ist aber vorhanden. — Nr 10. Derselbe Typus kommt sehr häufig aus LIΔ vor (M 3319. D 3099. B 2170 m. Abb. Stuttgart) und auch unsere Münze (jetzt 3406 des Cabinet de France), angeblich aus LΔ, hatte nach ausdrücklicher Mitteilung aus Paris wahrscheinlich LIΔ. — Nr 11 (mit demselben Bild wie Nr 10) mit Palme und LΔ ist richtig bei D beschrieben. — Nr 12 ist ganz schlecht erhalten und vom Datum liest man nur Є: also ist die Münze nicht beweiskräftig (dieselbe Münze sehr häufig in LIЄ Z 308, 76. M 3338. 3339. D 3112. 3113. 3113bis. B 2229. Rollin-Feuardent 9185. Seyffer 1570 und sonst). — Nr 13 (mit demselben Typus wie Nr 12) hat nach Mitteilung aus Athen den Palmzweig nicht, doch versichert Hr Svoronos daß in Athen ein anderes Exemplar dieser Münze sei welches den Palmzweig habe, ebenso Turin 8208.

Endlich die Münzen der Salonina: Nr 14 mit LB und Palmzweig wird als richtig bestätigt (derselbe Typus aus LIB ganz gewöhnlich M 3367. D 3145. B 2251). — Nr 15 aus LB, bei Feuardent ist der Palmzweig nicht angegeben, er ist aber vorhanden. — Nr 16 aus LΔ mit Palmzweig (ebenso Turin 8293) wird als richtig bestätigt, sonst häufig in LΔ, aber ohne Palmzweig, so z. B. M 3348. D 3123. B 2272. Seyffer 1571. Auch auf der von Feuardent zu D 3124 (d. i. unsere Nr 16) als gleich angeführten Münze Ms. 594 fehlt der Palmzweig. Anderseits findet sich derselbe Typus mit Palme aus LIΔ auf

M. der Salonina ganz gewöhnlich (Z 310, 34. 35. M 3380. D 3157. B 2278. Rollin-Feuardent 9179 und sonst). — Endlich Nr 17, angeblich aus LH, wird aus LIΓ verlesen sein, eine Vermutung die mir aus Paris (die M. hat jetzt Nr 3478) ausdrücklich bestätigt wird. Letzteres Jahr ist das weitaus häufigste mit dem Bild der stehenden Dikaiosyne auf Salonina-Alexandrinern (M 3373. D 3149. B 2246 und sonst).

Aus Obigem ergibt sich daß von den als Ausnahmen von der Eckhelschen Regel aus sonst zuverlässigem Material zusammengebrachten 17 Münzen 9 Münzen entweder die Palme nicht haben (7. 13) oder aus Jahr 10 und den folgenden sind (1. 2. 3. 6. 10. 12. 17), also nicht wider Eckhel zeugen können. Gegen Eckhel sprechen 8 Münzen, eine ganz geringfügige und nicht ins Gewicht fallende Zahl, wenn man erwägt aus welch umfänglichem Material jene so spärlichen der Regel widersprechenden Beispiele gezogen sind. Es sind noch besonders für diesen Zweck die an Alexandrinern reichen Sammlungen in Braunschweig (Löbbecke), Frankfurt (Stadtbibliothek), München, Osnabrück (früher Schledehaus) und Stuttgart geprüft worden, deren Bestände sich ganz der Regel fügen.

Aber jene 8 Münzen mit dem Palmzweig aus niedrigen Jahren sind noch näher zu betrachten. Zunächst ist Nr 4 (Isiskopf) als Ausnahme nach unserer obigen Auseinandersetzung (S. 5) nicht anzusehen, ebenso wenig die sitzende Roma Nikephoros (11. 15), die stehende Athene (8) und der Adler mit dem Kranz in dem Schnabel (16). S. auch oben S. 6. Es bleiben demnach als Typen übrig, bei denen die Palme keine unmittelbar einleuchtende Erklärung hat, Homonoia (5. 9) und Elpis (14). Das ist Alles.

6. Ist aber auch darin Eckhel beizustimmen daß alle Münzen des Severus Alexander und der Mamaea aus den JJ. 10—14 den Palmzweig haben? ferner daß bei Gallienus und Salonina zwar in den Jahren 10 und 11 der Palmzweig als Beizeichen bald vorhanden sei, bald fehle, daß er aber in den Jahren 12—15 stets vorhanden sei, die Münzen ausgenommen deren Bild bereits mit der Palme ausgestattet sei, wie z. B. Nike oder Hermanubis oder der Adler mit dem Palmzweig quer über dem einen Flügel. S. als Proben die Abbildungen Nr. 7 [Severus Alexander]. 8 [Mamaea]. 9 [Gallienus] und 10 [Salonina].

Nr. 7.

Nr. 8.

Nun ist zunächst die Ansicht unrichtig als wenn unter Severus Alexander

Nr. 9.

und Mamaea die Münzen des Jahres 10 und der folgenden stets das Beizeichen des Palmzweigs hätten. Denn die Palme fehlt oder (vorsichtiger ausgedrückt) scheint zu fehlen auf folgenden Münzen [8]) des Severus Alexander: aus J. 10: M 2676. 2686 (auch B 1699). 2689 (Nike mit Kranz und Palme); aus J. 11: Z 271,

Nr. 10.

89h. 272, 92; aus J. 12: M 2715. B 1671; aus J. 13: Z 273, 110. 111 (Adler mit Palme auf dem Flügel); aus J. 14: B 1667. 1700. Ebenso fehlt der Palmzweig auf folgenden Münzen der Mamaea: aus J. 10: M 2773. D 2548; aus J. 11 (Kopf der Selene mit Halbmond) in Osnabrück und Stuttgart; aus J. 12: M 2784.

Weiterhin braucht zwar nicht bewiesen zu werden daß bei Gallienus und Salonina in den Jahren 10 und 11 der Palmzweig öfters fehlt, denn dies muß Eckhel selbst zugeben, aber es ist zu zeigen daß auch in den Jahren 12—15 (ganz abgesehen von den Münzen welche die Palme im Hauptmünzbild [9]) haben) das Beizeichen des Palmzweigs manchmal fehlt. So fehlt es z. B. auf Münzen des Gallienus [10]) aus J. 12: B 2165 und Turin 8235 (Athene stehend); in München (2 Exx.) und Turin: Adler ausgebreitet Kranz unterstützend, worin LIB steht, (sonst gewöhnlich mit Palme, s. oben S. 4 und hier Abb. Nr 9), aus J. 14: M 3314 (Selenebüste, auch D 3096 und in Osnabrück und Stuttgart). M 3321 (Adler mit Kranz im Schnabel, auch in Turin). M 3318 (Kaiser? vor ihm ein Tropäon); endlich aus J. 15: M 3322 (Selenebüste, auch in Turin) [11]).

---

8) Es werden nur von zuverlässigen Gewährsmännern selbst gesehene und beschriebene Exemplare angeführt. Daß ich hier auch die Sammlung Demetrio beiziehen kann verdanke ich der Güte des Herrn Svoronos in Athen. Feuardent hat in seinem Katalog (D) auf genaue Angaben bezüglich des Vorkommens des Palmzweiges unter Severus Alexander und Mamaea verzichtet.

9) Diese von Eckhel zugelassene Ausnahme verliert freilich an Bedeutung durch den gelieferten Beweis daß auch sonst das Beizeichen fehlt. An sich aber ist Eckhels Beobachtung als richtig anzuerkennen. Mir wenigstens ist nur ein Beispiel von den betreffenden Nike- und Adlertypen aus diesen Jahren bekannt wo neben der Palme im Hauptbild die Palme nochmals als Beizeichen erscheint: D 3086 aus Gallienus' LIB; Nike mit Kranz und Palme).

10) Es sei ausdrücklich bemerkt daß auf folgenden Gallienus-Alexandrinern aus J. 12 ff., bei denen Feuardent den Palmzweig nicht erwähnt, er vorhanden ist: D 3081. 3085. 3088. 3091. 3101. 3104. 3106.

11) Nach Mitteilungen des Herrn G. F. Hill in London ist auf folgenden einschlägigen Münzen des Brit. Mus. der Palmzweig, der ihnen nach B fehlen soll, in Wirklichkeit vorhanden: B 1632. 1633. 1640. 1709? 1735. 1761. 2162? 2163? 2190. 2247. Vermutlich würde bei genauer Prüfung der im Text verzeichneten Exemplare noch auf manchem anderen die Palme sich zeigen.

Auch auf Münzen der Salonina aus Gallienus' Jahren 12—15 fehlt öfters der Palmzweig. So aus J. 12: D 3143 (Tyche stehend); aus J. 14: M 3379 (Tyche liegend, auch Z 310, 32 und in Osnabrück: D 3156 hat die Palme, ein solches Exemplar auch in Osnabrück). M 3375 (Isiskopf, aus Sanclemente III p. 132). Adler ausgebreitet mit Kranz im Schnabel ohne Palme in Osnabrück, ebendort 3 andere Exx. mit Palme (= M 3380); aus J. 15: M 3386 (ausgebreiteter Adler mit Kranz im Schnabel).

Aus obigen Darlegungen ergiebt sich daß folgende Behauptungen Eckhels im strengen Wortsinne unhaltbar sind:

1) daß der Palmzweig als Beizeichen sich vor Severus Alexander auf Alexandrinern nicht finde;

2) daß der Palmzweig nur (abgesehen von der einen Domitius-Münze, s. S. 4. 9) auf Münzen eines zehnten kaiserlichen Regierungsjahres und der folgenden vorkomme;

3) daß auf allen Alexandrinern des Severus Alexander und der Mamaea seit Jahr 10 der Palmzweig erscheine;

4) daß auf allen Alexandrinern des Gallienus und der Salonina aus den Jahren 12—15 der auch hier mit J. 10 auftretende Palmzweig als Beizeichen vorkomme, sofern nicht ein Palmzweig schon im Hauptmünzbild enthalten ist.

Ist nun damit die Eckhel'sche Regel widerlegt und abgethan? Keineswegs: die angeführten Beispiele welche sich dieser Regel nicht fügen sind ganz spärlich und nicht von Erheblichkeit, verglichen mit den massenhaften Münzen welche ihr folgen. Eckhels Scharfsinn hat, trotzdem er das Material nicht genügend überschauen konnte, doch den Kern der Sache getroffen: seine Auffassung hat sich auch unserer Untersuchung gegenüber glänzend bewährt: — daß der Palmzweig auf den Alexandrinern seit dem J. 10 des Severus Alexander regelmäßig vorkomme und regelmäßig immer wiederkehre, und zwar gleichfalls vom zehnten Jahre ab, bei den folgenden Kaisern welche ein zehntes Regierungsjahr erlebt haben, nämlich bei Gallienus (mit Salonina) und bei Diocletianus mit seinem Mitregenten Valerius Maximianus. Nur eine erhebliche Ausnahme hat sich gefunden: die Prägung großer Kupfermünzen zur Feier des tausendjährigen Reiches im J. 248 (s. oben S. 7), die auf einem leicht erklärlichen Vergleiche beruht. Wie der Palmzweig unter Severus Alexander den Abschluß zehnjähriger ruhmreicher Regierung andeuten sollte, so wird jetzt dasselbe Symbol verwertet zum Hinweis auf das hundertmal zehnjährige Bestehen des Reiches. Was sonst an vereinzelten Ausnahmen sich findet kann die Regel nicht umstoßen, und wer die Massenhaftigkeit der alexandrinischen Prägungen jener Zeit überschaut

wer den damals außerordentlichen Verbrauch von Münzstempeln erwägt, welcher
dem Belieben und der Willkür der Stempelschneider manche Freiheit einräumen
mußte, und wer zugleich auf die einreißende Regellosigkeit im Technischen und
Künstlerischen achtet, der wird sich über derartige Ausnahmen nicht wundern,
sie vielmehr erwarten.

Eckhel hat die Regel erkannt und sie nur zu einseitig formuliert, wenigstens die bis auf Diocletian giltige Regel. Denn während die bei weitem meisten Münzen des Severus Alexander und der Mamaea, des Gallienus und der
Salonina vom J. 10 und den folgenden Jahren den Palmzweig haben und die
Münzen denen er abgeht durchweg die Ausnahme bilden, so kehrt sich bei Diocletian und Valerius Maximianus das Verhältnis um: allerdings erscheint auch bei
diesen beiden der Palmzweig erst vom J. 10 ab, aber die Münzen mit der Palme
sind weitaus die selteneren, bei Maximianus sind diese überhaupt sehr spärlich.

Diese Lockerung der Beziehungen zwischen dem Jahre 10 fl und dem
Palmzweig erklärt es dann gut daß in denselben letzten Zeiten der alexandrinischen Stadtprägung die Palme auch auf Münzen anderer Jahre tritt, ebenfalls
als seltene Ausnahme, so bei den Caesares Constantius I (im J. 2 und 4) und
Galerius Maximianus (im J. 1 und 4) und endlich bei Domitius Domitianus
(im J. 2).

7. Für Eckhels Meinung daß der Palmzweig sich auf die kaiserlichen
Decennalien beziehe läßt sich noch Anderes geltend machen.

Im Jahre 10 des Severus Alexander, in welchem zuerst der Palmzweig
regelmäßig auftritt, erscheint unter den in seinem Namen und in dem der Mamaea geprägten Alexandrinern eine ganze Reihe großer Erzmünzen, deren jede
den Palmzweig als Beizeichen hat. Solche große Erzmünzen finden sich nur im

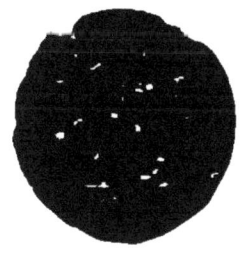

Nr. 11.

J. 10 des Alexander (bez. der Mamaea: anbei Abb. Nr 11
als Probe einer solchen Münze der Mamaea), weder in
einem früheren noch in einem späteren Jahre dieses
Kaisers; sie müssen also eine Beziehung auf das zehnte
Jahr und dessen Verherrlichung, haben.

Diese Ansicht wird noch durch Folgendes unterstützt. Die Ausprägung großer Kupfermünzen kommt
in Alexandria in den letzten Jahren Nero's [12] auf, findet
sich dann unter den folgenden Kaisern bis L. Verus,

---

12) Nicht richtig wird von R. St. Poole im Münzkatalog des brit. Mus. Alexandria p. XXIX
das Aufkommen des Großkupfers erst unter Vespasian gesetzt. Es findet sich schon in den letzten
Jahren Nero's, dann auch unter Galba, Otho und Vitellius. Das älteste mir bekannte Beispiel, dessen

seit Trajan besonders häufig. Seit Commodus wird diese Prägung selten und nur ausnahmsweise geübt: sie erscheint zuerst wieder (nach einem kleinen Anlauf unter Caracalla in den JJ. 21—23 des Septimius Severus) mit einer stattlichen Reihe verschiedener Typen eben in jenem zehnten Jahre des Severus Alexander, (und der Mamaea) und hört mit diesem Jahre wieder auf [13]). Da nun jedesmal auf diesen Großbronzen auch der Palmzweig sich einfindet (der überhaupt, wie oft bemerkt, zuerst in diesem Jahr auf Alexandrinern regelmäßig erscheint), so kann man dem Schlusse nicht ausweichen daß auch er sich auf die zehnjährige Regierung des Kaisers beziehe [14]).

Aber hier ist noch ein Punkt zu erörtern. Wenn der Palmzweig die kai-

---

Wichtigkeit Zoega nicht entging, aus Nero's J. 10 ist Z. 25,34 (Nilbüste, aus Sammlung Borgia, mit Abbildung = M 195), dann aus dessen J. 13 Z 27,61 (aus Florenz, Serapis thronend = M 229), aus J. 14 (mit derselben Darstellung bei D 724. Rollin-Feuardent catalogue 1864 Nr. 8580 und bei Huber), endlich aus demselben Jahr D 725 (Zeus sitzend, auch bei Feuardent 1893). Es folgen in Galba's J. 2 M 269 (Nikebüste, auch D 757 mit Abbildung und B 205 (Nilbüste und je in Otho's und Vitellius' J. 1 (beidemal gleichfalls Nikebüste M 286 und D 775 mit Abbildung = Gréau 2962).

13) Vgl. v. Sallet, Daten u. s. w. 62, der als sichere Ausnahmen dieser Regel anerkennen will zwei Großbronzen aus J. 4 (Serapis sitzend und stehend), aus Sanclem. III 55 bei M 2622 und 2623 beschrieben, und die Pariser Münze (Æ 8) bei Ms 505 (Elpis) aus J. 6. Wie bedenklich die letzterwähnte Münze ist, die im J. 6 die Palme haben sollte, wurde schon S. 12 bemerkt. Aber auch die anderen können nicht als Ausnahme gelten. Beide haben das Datum voll ausgeschrieben als LTETAPTOY (statt LΔ): diese Schreibweise (LTETAPTOY, ΠΕΜΠΤΟΥ, ΕΒΔΟΜΟΥ, ΔΕΚΑΤΟΥ) findet sich sonst nur auf den Potinmünzen, nicht auf den Kupfermünzen von Severus Alexander und Mamaea. Wenn man nun weiß daß sehr leicht Erz- und Potiumünzen nach ihrem Aussehen verwechselt werden können, ferner daß gerade jene Alexandermünzen mit ausgeschriebener Jahrzahl etwas größer als die gewöhnlichen Potin-Alexandriner zu sein pflegen (Dm. 26—28 mm, vgl. B p. 205), endlich daß eben jene von Sanclemente angeführten Münzen sonst nur in Potin vorkommen und daß überhaupt Sanclemente III 55—57 alle Münzen mit ausgeschriebenem Jahr, d. h. außer den von Sallet angeführten zwei noch fünf andere (sonst gleichfalls nur in Potin vorkommende), als große Kupfermünzen bezeichnet, so ergiebt sich daß hier Sanclemente's Angaben keine Beweiskraft haben können.

14) Nach Severus Alexander sind unter den Alexandrinern Großbronzen (abgesehen von den oben behandelten der Philippi, s. S. 7) überhaupt sehr selten. Sie finden sich nur noch in einem Jahre mehrfach, im J. 12 des Gallienus (und der Salonina), und es ist auch auf diesen der nach obigen Ausführungen zu erwartende Palmzweig regelmäßig hinzugefügt. Großbronzen aus dem genannten Jahre kommen mit folgenden Typen vor: Adler mit Kranz im Schnabel (B 2241. 2242. D 3088. — M 3371, auch M 3342. B 2282. D 3148), Eirene (Z. 307. 56. M 3301), Homonoia (Z. 106, 54. D 3087. — D 3147. Turin 8313), Nike (D 3086), Tyche (M 3369). — Was sonst von Großbronzen nach Alexander — in lauter vereinzelten Exemplaren — verzeichnet wird ist aus verschiedenen Gründen verdächtig und bis auf weitere Beglaubigung zu beanstanden. So die Münze des Gordianus Pius (Eckhel, catal. mus. Caes. num. vett. I 276 Nr 7 = M 2977: Serapis thronend, i. F. Palmzweig, ohne Jahr; sie ist gefälscht, s. unten S. 34 den Nachtrag), Trajanus Decius (Z 295, 19 [aber von Zoega selbst nicht gesehen] = M 3170: Demeter und Persephone, LΓ) und des Claudius Gothicus (J. Pellerin, mélange de div. médailles I p. 234 m. Abb. Tf. XV 9 = M 3419: Tyche in viersäuligem Tempel, LA).

serlichen Decennalien angeht, sollte er dann nicht nach dem zehnten Regierungsjahr verschwinden? So wie auf den Münzen der Philippi der Palmzweig, der dort auf das tausendste Jahr des Reiches hinweist, nur in dem entsprechenden alexandrinischen J. (5 und) 6 des Philippus I, oder wie das eben besprochene Großkupfer mit dem Palmzweig nur im J. 10 des Severus Alexander erscheint. Dieses Verfahren wäre offenbar das natürlichere: doch ist das unter Alexander, Gallienus u. s. w. beliebte auch wohl verständlich. Auf den Münzen der späteren Jahre nach dem zehnten wird der Palmzweig beibehalten um auf des Kaisers lange und segensreiche Regierung stets aufs neue hinzuweisen, um die an den Decennalien dem Kaiser gewährte Huldigung frisch zu erhalten, um den Kaiser fortwährend als den zu bezeichnen der die Decennalien gefeiert hat und neuen ähnlichen Festlichkeiten entgegengeht. Mit diesem Verfahren läßt sich z. B. wohl vergleichen daß auf Münzen und Inschriften das von dem Kaiser als Amt auf Jahresfrist angenommene Consulat mit seiner Ordnungszahl so lange weitergeführt wird bis es dem Kaiser beliebt hat ein neues Consulat anzunehmen [15]).

15) Dem auf den Alexandrinern zu bemerkenden Gebrauche würde eine Münze entsprechen welche man unter Constantin dem Großen geschlagen glaubt (Cohen-Feuardent² VII 326,20; vgl. ebenda 329,9. 10'. Sie kann nicht vor dem J. 330 geprägt sein und trägt die Inschrift VOT. XX. MVLT. XXX, erwähnt also die Feier der Vicennalien (mit neuen Gelübden für die Tricennalien), während doch die Vicennalien Constantins schon im J. 325 gefeiert waren (Eckhel, doctr. numorum VIII 96. 484). Also wäre auch hier der Hinweis auf die früher schon gefeierten Vicennalien in einem späteren Jahre wiederholt. Aber die Herkunft dieser Münze aus der Zeit Constantins des Großen ist nicht sicher (Cohen-Feuardent VII² 322) und damit schwindet ihre Beweiskraft für unsern Zweck.

II

8. Da die alexandrinischen Münzen stets das Regierungsjahr nennen, so liegt es nahe das zehnte Jahr irgendwie hervorzuheben. Ist dies und von wann ab geschehen?

Häufig zeigt die Rückseite der Alexandriner nichts anderes als das Regierungsjahr des Kaisers in einem Kranz [16]). Zuerst ein beliebiges Jahr, so oft auf Münzen des Augustus (aus den Jahren 23. 30. 35. 39. 40—42. 46), der Livia (aus den Jahren des Augustus 39—41), des Drusus († 23 nach Chr., des Sohnes des Tiberius, aus Augustus' J. 39 und 40 [17]) und des Tiberius (aus J. 4). Dann findet sich erst bei M. Aurelius diese Darstellung wieder, in J. 7 und 10. Aus dem letzteren Jahre auch auf Münzen seiner Gemahlin, der jüngeren Faustina. Aus dem ersteren auch auf Münzen seines Mitregenten L. Verus, ferner bei diesem aus J. 2.

Bei M. Aurelius und bei Faustina erscheint demnach zuerst das zehnte Regierungsjahr durch diesen Typus (LI im Kranze) bezeichnet, doch noch nicht mit Sicherheit vor anderen Jahren hervorgehoben.

Dagegen wird bei den folgenden Herrschern öfters die Beziehung auf den glücklichen Abschluß von zehn Regierungsjahren mittels dieses Typus betont. Bei Commodus findet sich die Inschrift ΠΕΡΙΟΔΣ ΔΕΚΑΕΤ (= περίοδος δεκαετηρίς; s. die Abb. Nr 12) [19]) im Lorbeerkranz, darunter im Abschnitt LKZ

---

[16]) Äußerst selten (wenn überhaupt!) findet sich das Regierungsjahr allein ohne Kranz auf der Rückseite. Ich kenne nur zwei Beispiele, und zwar auf Münzen der Otacilia, eines aus J. 5 (Rollin-Feuardent, catalogue, Paris 1864, Nr. 9085, Großkupfer) und eines aus J. 6 (s. Maffei, Verona illustrata III 445, daraus Z 292,22, Mittelkupfer). Das letzte sonst ungenügend beglaubigte wird durch das erste einigermaßen gestützt. Beispiele von Jahrzahlen im Kranze finden sich bei Otacilia und bei den beiden Philippi nicht.

[17]) Ob diese Münzen dem Drusus (es wären seine einzigen Alexandriner) zuzuteilen sind ist zweifelhaft. Die Münze aus J. 39 (in Wien, Catal. Mus. Caes. I p. 265 = Z 12,1 = M 59; auch aus der Samml. Neumann bei Eckhel DN IV 49), von Zoega und Mionnet beanstandet, ist in Wien schon von Arneth — und mit Recht, wie versichert wird — unter Augustus eingereiht. Eine gleichartige Münze aus J. 40 wird B 35 dem Drusus zugesprochen.

[18]) Solche Inschriften wie die jetzt zu behandelnden, περίοδος δεκαετηρίς u. s. w. finden sich, so viel ich weiß, im Gebiet der griechischen Münzen nur in Alexandria. Die im Felde einer Groß-

Nr. 12.

(M 2366. D 2272 m. Abb. B 1442 m. Abb., häufig). Da Commodus im J. 177 nach Chr. (= dem 17ten alexandrinischen Jahr des M. Aurel) Mitregent wurde (Clinton, fasti Romani p. 174), so wurde im 27ten alexandrinischen Jahre M. Aurels (denn dessen Jahre zählte Commodus weiter), J. 185/186 nach Chr., die zehnjährige Regierung des Commodus gefeiert. Diese Feier ist auch in verschiedener Weise auf römischen Münzen des Commodus verherrlicht: so auf solchen welche die Inschriften PRIMI DECENN P M TR P X IMP VII COS IIII tragen (Cohen III² 311, 600), also aus dem J. 185 stammen, während andere mit der Aufschrift VOT SOL DEC P M TR P XI (oder XII) IMP VIII COS V auf J. 186 und 187 (Cohen III² 358, 1000. 1001) hinweisen.

Daß von Septimius Severus, dem nächsten Kaiser der Decennalien feiern konnte, sich keine Münzen dieser Art finden befremdet nicht, da aus bis jetzt nicht aufgeklärten Gründen unter diesem Kaiser die sonst überreichliche alexandrinische Prägung außerordentlich eingeschränkt wurde, weshalb Alexandriner dieses Kaisers (sowie von Julia Domna, Caracalla [19]), Plautilla, Geta) zu den Seltenheiten gehören.

Es erscheint demnach, wie zu erwarten war, der besprochene Typus zuerst wieder unter Severus Alexander als ΠΕΡΙΟΔΟC ΔΕΚΑΤΗ [20]) im Kranze ohne weitere Jahresangabe, und zwar sehr häufig auf den Münzen des Kaisers selbst (M 2692. D 2476. B 1703 mit Abbildung, mit (und ohne?) Palme: diese ist z. B. zu sehen auf dem Exemplar des Br. Mus., bei Seyffert 1483 und in Tü-

bronze des kilikischen Sebaste (M III 661,637) gelesene Inschrift ΠΕΡ ΔΕΤ deutete freilich Sestini, lett. numism. continuat. VIII 98 als ΠΕΡίοδος ΔικαΕΤηρίς, aber unrichtig, da auf der Münze ΠCP nicht ΠEP steht (Imhoof-Blumer).

19) Auf die Decennalfeier des Caracalla beziehen sich Münzen von Berytos IMPP CAESS SEVER ANT AVGG belorbeerte Köpfe des Severus und Caracalla einander gegenüber)(COL BER DECENNALES ANTONINI COS III Astarte von Nike bekränzt (M. V 343, 58. 59) aus J. 208. Siehe entsprechende römische Münzen bei Cohen² IV 214,682—685 mit der Inschrift VOTA SOLVT DEC COS III und ähnlich, auch PRIM DECE Cohen² IV 196,501.

20) Zoega p. 276 meint daß die Inschrift περίοδος δικάτη geschrieben sei *negligentia monetarii* für δικαετηρίς. Gewiß unrichtig. Sprachlich hat jene Wendung, da περίοδος jede regelmäßige Wiederkehr in der Zeit bedeutet, nichts bedenkliches. Zudem kommt περίοδος δικαετηρίς (oder δικαετηρίς allein) nur bei Commodus und Gallienus vor, περίοδος δικάτη aber bei Severus Alexander, Mamaea und Diocletian. Die Form δικαετηρίς liest man auf einer in Ägypten gefundenen Inschrift (CIGr. 8610¹: ἐν τῇ εὐτυχεστάτῃ αὐτῶν (des Valens und Gratian, ums J. 374) δικαετηρίδι ἱερά. Aber da die einzige Abschrift ΔΕΚΑΕΤΗΡΙΔ hat, so wird vielmehr, statt des ganz ungewöhnlichen Wortes, δικαετηρίδι herzustellen und der Ausfall des schließenden ι anzunehmen sein (ebenso wie dort Z. 9 ΑΙΛΟΥ steht statt ΑΙΛΙΟΥ).

Nr. 13.

bingen; s. Abb. Nr 13); dann auf solchen seiner Mutter Mamaea (M 2773. B 1762, letzteres Exemplar mit Palme). — Es folgt Gallienus mit der sehr häufigen Münze, die ΔΕΚΑΕΤΗΡΙC ΚΥΡΙΟΥ (das erste und einzige Beispiel dieser Kaiserbezeichnung auf den Alexandrinern)[21]) im Kranze zeigt, dazu im Abschnitt LI (M 3292. D 3069. B 2240; s. die Abb. Nr 14), außerdem findet sich noch, aber selten, nur LI im Kranze (Z 306, 43 aus der Sammlung Borgia, mit Abbildung. D 3068). Über die prächtige Feier der Decennalien des Gallienus s. unten S. 26.

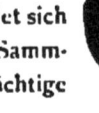

Nr. 14.

Wie in den ersten Zeiten der alexandrinischen Prägung ein beliebiges Regierungsjahr vom Kranze umgeben als Münzbild der Rs. erscheint, so lockert sich die seit Commodus für die Decennalien vorbehaltene Verwertung dieses Typus seit Gallienus. Unter Aurelian findet man ЄΤΟΥC Є oder LЄ im Kranze, und auf den Münzen welche die Köpfe des Aurelianus und Athenodoros (Vaballathos) auf der Hauptseite einander gegenüber zeigen, erscheinen die Regierungsjahre beider Fürsten LA LΔ im Kranze. Unter Diocletian erscheint ЄΝΑΤΟΥ L. im Kranze (M 3686. D 3414. B 2541) und ebenso ΠΕΡΙΟΔΟC ΔΕΚΑΤΗ ohne weitere Jahrzahl (Ms 647. D 3421. Rollin-Feuardent, catalogue, Paris 1864, Nr 9358bis. Athen. Tübingen), endlich unter Diocletian's Mitregenten Valerius Maximianus im Kranz ЄΤΟΥC Η (Ms 663. Turin 8881. Athen) und ЄΝΑΤΟΥ L. (M 3790. D 3469. B 2601, häufig).[22]) Auf der oben erwähnten Diocletians-Münze Ms 647 soll unter der Inschrift ΠΕΡΙΟΔΟC ΔΕΚΑΤΗ eine querliegende Keule sich finden. Es wird nicht eine Keule, die auf Alexandrinern als Beizeichen nie vorkommt, sondern ein quer liegender Palmzweig gewesen sein, wie er auch sonst erscheint, s. z. B. die Abbildung in B Tf. XXXI Nr 1703. Und so auch auf dem Tübinger Exemplar dieser Diocletians-Münze und auf einer Variante derselben aus der Sammlung Kennard mit der Inschrift ΠΕΡΙ ΔΕΚΑ im Kranz, s. B p. XXIII.

21) Sonst steht z. B. auf Münzen von Edessa (?) unter M. Aurelius und seinen Mitregenten ΥΠΕΡ ΝΙΚΗC ΤΩΝ ΚΥΡΙΩΝ (Head, hist. num. p. 689), und Antoninus Pius soll auf Münzen von Antiocheia am Hippos ΑΥΤΟΚΡ. ΚΥΡ. ΑΝΤωΝΕΙΝΟC (M V 319,5; Eckhel DN III 347) heißen, endlich steht auf Münzen von Kaisareia in Kappadokien ЄΙC ΘΑΝΑΤΟΥC ΚΥΡΙΟΥ (auf den Tod des Septimius Severus, Zeitschr. f. Numism. XI Tf. I 5).

22) Von dem hier behandelten Münzbilde ist wohl zu sondern die nur zweimal auf den Alexandrinern vorkommende Darstellung eines Adlers welcher den das Regierungsjahr umgebenden Kranz mit ausgebreiteten Flügeln trägt oder unterstützt. Sie findet sich oft in Gallienus Jahr 12 (Z 306,53. M 3304. D 3085. B 2237; s. oben Abb. Nr 9 S. 14, auch S. 4) und bei Gal. Maximianus aus J. 4

Dieser Überblick lehrt daß gerade bei den Regierungen mit deren zehntem Jahre der Palmzweig auftritt, denen des Severus Alexander (mit Mamaea) und des Gallienus (mit Salonina), auch durch den eben behandelten Typus sicher und nachdrücklich auf die Decennalien dieser Kaiser hingewiesen wird. Das ist um so beachtenswerter als die kaiserlichen Decennalien und die entsprechenden Gelübde und Feste, welche auf den römischen Münzen so sehr häufig genannt sind, sonst im weiten Gebiete der griechischen Münzprägung nicht vorkommen, wenn sie sich nicht etwa unter einer Verkleidung verbergen die sie unkenntlich macht [23]).

9. Ehe unsere Untersuchung weiter gehen kann, muß eine Gruppe von Alexandrinern besprochen werden die man wohl geneigt sein könnte auch in den hier betrachteten Kreis einzubeziehen. Ich gebe zuerst ein knappes Verzeichnis der betreffenden Münzen:

1) (unter Augustus) KAICAPOC Steinbock (mit Füllhorn und Steuerruder), darüber Blitz (oder Stern))(CEBACTOC (-OY?), in der Mitte I. Æ 2 (Ms 5. Ramus, numi vett. regis Daniae I 361, 9. Sanclem. II 17. Schledehaus, Berl. Blätter f. Münzk. III, S. 134 Nr 7).

2) (unter Augustus) Krokodil)(CEBACTOY, in der Mitte I. Æ 2½ (M 34, auch bei Ramus a. O. Nr 7 und 8 und Schledehaus a. a. O. Nr 6).

3) Kopf des Augustus ohne Lorbeerkranz)(I im Kranz. Æ 1 (Rollin-Feuardent, catalogue, Paris 1864, Nr 8487bis, auch bei Huber 1030).

4) ΚΑΙΣΑΡ ΣΕΒΑΣΤΟΣ belorbeerter Kopf des Augustus LAΓ)(I im Kranz. Æ 2 (Ms 9 aus Sestini, mus. Fontana, dort Tfl. XI 2 abgebildet; auch bei Welzl v. Wellenheim, Verzeichnis seiner Münzsamml. I 7323).

5) Belorbeerter Kopf des Claudius)(I im Kranze. Æ 1—2 (D 633. 634. Athen, s. A. Postolakas νομίσμ. ἐν ἐθνικῷ μουσείῳ κατατεθέντα 1883/84 S. 190).

6) Belorbeerter Kopf des Claudius LS)(I im Kranz. Æ 2½ (Sammlung Schledehaus, s. C. Stüve, Berl. Blätter f. Münzk. III 138. Auch in Athen, Postolakas a. a. O. S. 190, und in Tübingen).

[Sanclemente III 145 m. Abb. = M 3837; sehr selten); vgl. ein entsprechendes Bild auf römischen Münzen Diocletians bei Cohen VI[2] 476, 540. Dieser Typus ist als eine Variante des Bildes aufzufassen welches auf den Alexandrinern außerordentlich häufig vorkommt, des Adlers der im Schnabel einen Kranz trägt. Bei diesem Bilde steht, so viel ich weiß, niemals das Datum im Kranze, ebenso nicht bei dem selteneren welches den ausgebreiteten Adler zeigt der einen Kranz in den Fängen hält.

23) Als griechisches Gegenstück zu den unzähligen römischen Gelübde-Münzen mit Inschriften (numi votorum) findet sich nur auf Münzen von Ephesos die Inschrift ΒΩΤΑ = VOTA neben der Darstellung eines Opfers mit Huldigung für den Kaiser unter Macrinus (M III 110,368. B Ionia 89,294. Rev. numism. 1891, 36 Taf. IV 3).

7) Belorbeerter Kopf des Nero)(I im Kranz. Æ 2 (B 189).
8) Belorbeerter Kopf des Nero, davor I)(LIA Sperber. Æ 2 (D 702 m. Abb. Stuttgart).
9) Belorbeerter Kopf des Domitian, davor I)(LB Füllhorn. Æ 2 (D 838. B 344).
10) Belorbeerter Kopf des Nerva, davor I)(LB Füllhorn. Æ 2½ (B 354).
11) Belorbeerter Kopf Hadrians, davor I)(LEN Füllhorn. Æ 2 (B 895).
12) Belorbeerter Kopf Hadrians, davor I)(LEN die beiden Dioskurenmützen, je mit einem Stern darüber. Æ 2 (B 907).
13) Belorbeerter Kopf Hadrians, davor I)(LΔE zusammengebundene Ähren. Æ 1¼ (B 891—93. Tübingen).
14) Belorbeerter Kopf Hadrians, davor I)(LΔE Füllhorn. Æ 1½—2 (B 896. 897. Tübingen).
15) Belorbeerter Kopf Hadrians)(Kopfschmuck des Harpokrates, im Feld I LI, Æ 2 (B 902 m. Abb.)
16) Belorbeerter Kopf Hadrians, davor I)(LΔE Die beiden Dioskurenmützen, je mit einem Stern darüber. Æ 1¼ (B 909. Tübingen).
17) Wie Nr 16, nur als Datum LIA (B 908).
18) Zeuskopf)(I im Eichenkranz. Æ 2 Athen, s. Postolakas, νομίσματα ἐν ἐθν. μουσ. κατατεθέντα 1883/84 S. 207). Diese letzte Münze steht offenbar den vorigen nahe [24]).

Was bedeutet auf diesen Münzen jenes wunderliche I? Man hat es angesehen als Schwert- oder Lanzenspitze, als Keule, als Zweig oder endlich als Zahlzeichen gleich LI. Gegen die ersten Erklärungen spricht der Augenschein, die äußere Form des I. Eben diese ist der Erklärung als Zahlzeichen günstig. Auch das könnte dafür sprechen daß I öfters im Kranze erscheint. Denn abgesehen von diesen Münzen mit I und einer welche auf der Hauptseite den belorbeerten Kopf des Augustus mit der Umschrift ΚΑΙΣΑΡ, auf der Rückseite die Lotusblume und ΣΕΒΑΣΤΟΣ, beides im Kranze, zeigt (Æ 2—3, D 546. Rollin-Feuardent, catalogue, Paris 1864, Nr 8485. Ramus, numi vett. regis Daniae I 361 Nr 12; auch Turin 6044), finden sich auf den Alexandrinern im Kranze nur Kaisertitel (wie ΣΕΒΑΣΤΟΣ oder ΚΑΙΣΑΡ oder beides, und zwar

---

24) Der Kopf auf der Vorderseite ist, wie mir ausdrücklich bestätigt wird, nicht etwa, woran man zunächst denken möchte, ein bärtiger Kaiserkopf, sondern ein Zeuskopf. Dann muß man diese Münze mit den seltenen Alexandrinern zusammenstellen die kein Kaiserbildnis haben, sondern auf beiden Seiten andere bildliche Darstellungen tragen. Vgl. M p. 552, 1 fll Ms. p. 179,1 fl. D 3598 fll. B 2629 fll.

diese nur unter Augustus) und Angaben der Regierungsjahre oder Regierungsabschnitte (s. oben S. 19). Wohl aber spricht gegen die Auffassung des I als einer Jahrzahl daß regelmäßig davor das sonst übliche Jahrzeichen L fehlt. Um dies zu entschuldigen hat man auf folgende Münzen hingewiesen:

1) ϹΕΒΑϹΤΟϹ Runder brennender Altar, daran die Inschrift K)(KAIϹAP (doppeltes) Füllhorn. Æ 3 (Ms 6. D 550. B 19. Rollin-Feuardent, catalogue, Paris 1864, Nr 8489. Berlin. Schledehaus. Heideken. Athen u. s. w.). [25])

2) ϹΕΒΑϹΤΟϹ Schiff, darüber K)(KAIϹAP im Kranze. Æ 3 (D 551, B 23. 24. Rollin-Feuardent, catal. 8488. Santangelo 12419. Heideken 2574 Athen). Denn hier liegt allerdings die Auffassung als Jahrzahl nahe, um so näher als auf einer Münze, die der Nr 1 sehr ähnlich ist, das Datum LKH auf dem Altare steht (Æ 3½. M 11. D 557. B 20—22 und sonst). [26]) Noch eine weitere Stütze gewänne diese Ansicht wenn man sich auf die Münze bei Ms 12 verlassen könnte, eine angebliche Variante von Nr 1. Dort soll auf dem Altar AII stehen, also auch das Datum ohne Jahrzeichen. Aber diese Münze beruht allein auf dem Zeugnis Sestini's (Mus. Hedervar. III continuaz. p. 10, 4), der so oft unzuverlässig ist. [27]) Höchst wahrscheinlich stand auch auf dieser Münze LKH, wie auf der eben besprochenen.

Wenn aber auch jenes K als LK aufzufassen ist, so folgt daraus nicht daß auch jenes I gleich LI ist. Denn erstlich gibt es aus den Zwanzigerjahren des Augustus sichere datierte Alexandriner, nicht aber schon aus seinen Zehnerjahren; und wenn man sich jenes K statt LK gefallen lassen könnte weil erst im Laufe der Regierung des Augustus sich die regelmäßige Datierung der Alexandriner festsetzte und deshalb bei Einführung dieses Gebrauches die bestimmte Form dafür noch zu finden war, so kommt ja jenes I auch nach Augustus und nicht selten vor (von den oben verzeichneten 18 Münzen mit I sind 13 nachaugustisch), zu einer Zeit da I statt LI so gut wie unerhört ist. [28]) Wenn

---

25) Dieselbe Münze war bei Lavy 3346. 3347 mit LIΔ am Altar verzeichnet. Aber Turin 6047. 6048 nennt die Schrift am Altar bei den nämlichen Exemplaren undeutlich. — Siehe auch J. Friedlaender, Berl. Bl. f. Münzk. II (1865) 277. A. v. Sallet, Daten der Alex. S. 15.

26) Dieselbe Münze mit LIΘ auf dem Altare bei Lavy 3349, aber Turin 6046 nennt auch dieses Exemplar undeutlich in der Schrift am Altar. Die Münze mit LKΓ bei Huber 1029 ist gleichfalls unglaubwürdig.

27) In Carroni's Catal. Mus. Hedervar. Nr. 5380 ist dasselbe Exemplar verzeichnet ohne daß von der Inschrift auf dem Altar etwas gemeldet würde. Sestini hat ihre verwischten Züge unrichtig gelesen.

28) Sichere Beispiele der Auslassung von L sind sehr selten. So vielleicht auf Ms 430, einer Münze mit den Bildnissen des M. Aurelius Caesar und der jüngeren Faustina (Pot. 6; auch B 1313 und

endlich — und damit kommen wir auf den Gesichtspunkt weshalb diese Stücke unsere Aufmerksamkeit hier in Anspruch nehmen — daran gedacht worden ist daß jene Augustus-Münzen mit L und K eine außerordentliche Prägung darstellen zu Ehren des zehnten und zwanzigsten Regierungsjahres des Kaisers (B. Pick, Zeitschrift f. Numismatik XIV 300), so widerspricht dieser Auffassung der Gebrauch des L nach Augustus, wie sich sogleich zeigen wird.

Außerdem will es nicht einleuchten daß gerade die kleinsten und unscheinbarsten Kupfermünzen (alle Münzen mit L und K unter Augustus und alle nachaugustischen mit L sind solche) zur besonderen Hervorhebung eines Abschnittes glücklich abgeschlossener Regierung sollten für passend erachtet worden sein.

Die Unmöglichkeit L als LI zu deuten ergibt sich sicher daraus daß eine Reihe der oben angeführten Münzen außer dem L noch ein richtiges alexandrinisches Datum hat: s. die Nummern 4 (Augustus, L und LΛΓ). 6 (Claudius, L und LS). 8 (Nero, L und LIΛ). 9 (Domitian, L und LB). 10 (Nerva, L und LB). 11 und 12 (Hadrian, L und LEN). 13. 14. 15. 16 (Hadrian, L und LI oder LΔE). 17 (Hadrian, L und LIA). Die Annahme einer doppelten Bezeichnung des Datums in verschiedener Weise (L, LI, LΔE) und auf den beiden Münzseiten träfe bloß zu auf Nr 13. 14 und 16, wird ausdrücklich durch Nr 15 (L LI auf éiner Seite) und alle übrigen oben genannten Münzen widerlegt und ist auf den Tausenden von Alexandrinern sonst unerhört. [19]) Wir müssen uns deshalb mit

---

bei Huber). Hier steht auf der Rückseite im Felde links vom Kopfe der Faustina K, rechts davon B. Hier wäre die Auslassung des L ein offenbarer Fehler, wie auf der Vorderseite derselben Münze M Aurel AΓΛHPI oder AΓΛHPIC heißt, ebenfalls durch einen Fehler des Stempelschneiders. Übrigens steht, wie Herr G. F. Hill mir bezeugt, auf dem Exemplar derselben Münze im britischen Museum (L 1313) unter dem K das L ganz deutlich. Auch in dieser Frage versagen selbst die sorgfältigsten Münzverzeichnisse. So sollte man nach den Beschreibungen meinen daß L fehle bei folgenden Alexandrinern: H 418. 764. 765. 1186. 1308. 1475. In Wirklichkeit aber hat nach der mir gewordenen Auskunft nur 764 ein L nicht gehabt, auf 1308 sieht man keine Spur von L, es kann aber da gewesen sein. Auf den anderen genannten Münzen sind mehr oder weniger deutliche Spuren des L erhalten.

29) Doppeldaten in anderem Sinne finden sich im Bereich der Alexandriner auf den M. mit den beiden Bildnissen des Aurelian und Vaballathos welche die Regierungsjahre beider Herrscher angeben (s. S. 21). Sonst kenne ich ein Doppeldatum nur auf merkwürdigen Gallienus-Münzen, die man jetzt nicht mehr bezweifeln darf. Schon bei Zoega p. 309 Nr. 97 ist folgende Gallienus-Münze des Mus. Borgia verzeichnet: LIIA (sic) *Aquila stans retro coronam, inter alas palmam* (AR) mit Abbildung auf Tafel XIX. Dazu die Note Zoega's: *sphalma natum, ut videtur, ex iotacismo* (Zoega meinte wohl, der Stempelschneider habe statt des richtigen LIA das falsche LIIA geschnitten). Mionnet hat diese Münze (offenbar als irrig beschrieben) gar nicht aufgenommen. Aber sie beruht auf nichts weniger als einem Sphalma. Die gleiche Münze findet sich auch bei D 3044, außerdem in einem wohl

dem für uns genügenden Ergebnis zufrieden geben daß jenes I [30]) sich nicht auf kaiserliche Decennalien kann bezogen haben.

10. Woher stammt das alexandrinische Münzbild welches die auf die Decennalien bezügliche Inschrift im Kranze zeigt?

Unsere literarischen Quellen fließen bezüglich der Decennalien sehr spärlich. Doch erfahren wir daraus daß sie seit Augustus gefeiert wurden. Sie begannen mit Opfern, woran sich Festlichkeiten mit Aufzügen und Lustbarkeiten aller Art (besonders circensische, theatralische und Gladiatorenspiele) anschlossen. Aus späterer Zeit hören wir daß der Kaiser bei dieser Gelegenheit auch allerhand Gnadenbeweise (Schenkungen, Straferlaß) spendete. Cassius Dio sagt ausdrücklich (LIII 16, 3) daß diese Feier bis auf seine Zeit üblich geblieben sei, und er schilderte ausführlich die Decennalien des Septimius Severus,[a1]) an deren Feier er selbst Teil genommen hatte (epit. LXXVI :). Sonst hören wir genaueres über die Pracht dieser Feste (abgesehen von Einzelheiten über die des Diocletian und Maximianus, des Constantinus u. s. w.) nur hinsichtlich der Decennalien des Gallienus. In der Kaisergeschichte werden diese zweimal erwähnt. Einmal wird (v. Gallieni 21, 5) kurz gesagt, um Gallien's Regierungsdauer zu bestimmen, daß er Decennalien gefeiert habe, an der zweiten Stelle aber (ebenda 7,4—8,7) wird weitläufig erzählt wie Gallienus in Rom die Decennalien, hier *decennia* genannt, *convocatis patribus, novo genere ludorum, nova specie pomparum, exquisito genere voluptatum* gefeiert habe.

Je lückenhafter die Berichte unserer schriftlichen Quellen sind, um so erwünschter ist es daß sie durch römische Münzen [32]) erheblich ergänzt werden.

erhaltenen, auch im Datum vollkommen deutlichen, Exemplare in der k. Münzsammlung zu Stuttgart. Dazu kommen noch zwei andere Gallienus-Münzen mit demselben Doppeldatum bei D 3043. Nue mit Kranz und Palme) und 3042 (Zeuskopf, mit Abbildung). Daß hier ein Doppeldatum anzunehmen ist hat F. Feuardent zu D p. 239 richtig erkannt. Als Valerianus in seinem und Gallienus' achten Regierungsjahre von dem Perserkönig Sapor gefangen worden war und dadurch die Regierungsfähigkeit verloren zu haben schien, schlagen die Alexandriner Gallienus-Münzen welche neben das laufende Jahr (LII) noch die Bezeichnung (L)A setzen, weil jenes das erste Jahr seiner Alleinherrschaft war. Offenbar fand aber diese neue Bezeichnung keinen Beifall: daher die große Seltenheit solche Exemplare.

30) Könnte das I etwa ein Szepter sein? Dann würde sich gut erklären daß es mit ΣΕΒΑΣΤ(Ο) verbunden ist (s. oben S. 22 Nr. 1. 2.), daß es im Kranze erscheint, der sich regelmäßig auf den Kaiser bezieht (s. oben S. 22 Nr. 3. 4. 5. 6. 7. 18.), daß es auf der Hauptseite vor dem Kaiserkopf steht (s. oben S. 23 Nr. 8. 9. 10. 11. 12. 13. 14. 16. 17.), ähnlich wie auf Alexandrinern des Claudius und Trajan vor dem Kaiserkopf Stern (und Lituus) vorkommt. Aber wo sieht ein Szepter so aus?

31) Auch auf römischen Münzen verewigt mit der Inschrift VOTA SOLVT DEC COS III (Cohen[2] IV 81,785).

32) Auch auf den Inschriften werden die Decennalien und die gleichartigen Feste mehrfach

Auf den römischen Münzen erscheint zuerst unter Antoninus Pius eine ausdrückliche Erwähnung der Decennalien, und diese ihre erste Erwähnung erfolgt durch die Inschrift PRIMI DECENNALES im Kranze. Ebenso unter M. Aurelius und Commodus. Unter Commodus beginnt, wie oben (S. 19) gezeigt wurde, die Verwendung des entsprechenden griechischen Typus auf den Alexandrinern: diese sind offenbar nach römischem Vorbild gearbeitet.

Von Commodus ab sind auf den römischen Münzen entsprechende Inschriften im Kranze (VOTIS DECENNALIBVS, VOTIS X, VOTIS VICENNALIBVS, VOTIS X ET XX, QVINQVENNALES u. s. w.) sehr häufig, namentlich kommen sie auch bei jenen Kaisern vor deren Alexandriner gleichfalls mit ähnlichem Typus auf die Decennalien hinweisen, so bei Alexander Severus, Gallienus und Diocletian.

Dabei macht sich zwischen der römischen und alexandrinischen Prägung ein wichtiger Unterschied bemerklich. Die alexandrinischen Münzen behalten die ältere Sitte bei daß sie nur die wirkliche Vollendung zehnjähriger Regierung feiern, also nur die vota X soluta, nicht auch die vota suscepta, womit auf den späteren römischen Münzen geradezu Unfug getrieben wird.

11. Außer dem besprochenen Typus erscheinen aber auf den römischen Münzen noch andere Bilder welche auf die Decennalien und ähnliche Feste

erwähnt. In den Arvalakten sind die vota decennalia für Elagabal (CIL. VI 1, p. 571,33) und für Gordianus I (CIL VI 1, p. 581,5) genannt. Die ausführlichste bildliche Darstellung der mit den Decennalien verbundenen heiligen Handlungen gibt uns eine große Marmorbasis in Rom in den Farnesischen Gärten auf dem Palatin. Sie ist auf allen vier Seiten mit Bildwerk roher und später Arbeit (vielleicht auf die Caesares Constantius und Maximianus bezüglich) geschmückt. Auf der Vorderseite halten zwischen zwei Tropäen zwei Victorien einen Schild mit der Inschrift CAESARVM DECENNALIA FELICITER, unten zwei gefesselte Barbaren. Auf der Rückseite opfert ein bärtiger Togatus, den Victoria bekränzt, am lodernden Altar in Anwesenheit von Mars, Roma, zwei anderen Togaten und priesterlichem Personal. Auf der rechten Seite werden vor einem bärtigen Togatus suovetaurilia vorbereitet. Auf der linken Seite sieht man einen feierlichen Aufzug von neun Männern in der Toga mit Rollen in der Hand und einen Knaben, im Hintergrund vier Feldzeichen. Vgl. CIL VI 1203 und die Abbildung der Bilder bei O. Jahn, Berichte d. sächs. Ges. d. Wiss. 1868 Tf. IV (zu S. 195). — Sonst vgl. CIL VI 1097 (aus der Zeit der Philippi) VOT · XX ANNAL · FELIC, ebenda 1204 AVGVSTORVM VICENNALIA FELICITER, ebenda 1205 VICENNALIA IMPERATORVM (auf einer sehr großen Marmorbasis, auf der Rückseite ein Stieropfer). — Das stattlichste Denkmal für eine Decennalienfeier ist der Constantinsbogen in Rom. An seinen Schmalseiten liest man westlich SIC · X SIC XX und östlich VOTIS · X VOTIS · XX (CIL. VI 1139). Ihn errichtete der Senat zu Ehren des Kaisers im J. 315. Endlich mag noch der silberne Schild, jetzt in Madrid (E. Hübner, antike Bildwerke in Madrid S. 213) erwähnt werden der in seinem Relief einen von Theodosius aus Anlaß seiner Decennalienfeier im J. 388 einer spanischen Stadt (Emerita?) gewährten Gnadenbeweis verewigte. Er trägt die Inschrift (CIL II 438 DN THEODOSIVS PERPET · AVG OB DIEM FELICISSIMVM X̄ (= decennalium).

in verschiedener Weise hindeuten; sind auch diese in der alexandrinischen Prägung benutzt?

Von Einzelheiten die für unsern Zweck keine Bedeutung haben abgesehen, sind zwei häufige Typen zu nennen, erstens der am Altar opfernde Kaiser, der allein oder von kleinerem oder größerem Personal umgeben entweder den Göttern für die Gewährung eines künftigen Zeitraums glücklicher Regierung ein Gelübde darbringt und ihren Schutz erfleht oder für einen glücklich vollendeten Zeitraum seines Waltens das Angelobte leistend seinen Dank abstattet oder endlich beides verbindet. — Der zweite Typus bedient sich der Vermittlung der Victoria, der eigentlich kaiserlichen Göttin (Victoria Augusta). Ein Schild worauf die bekannten Formeln (VO · DE, VOT · X, VOTIS XX und dergleichen) stehen wird von einer oder zwei Victorien gehalten oder an einen Palmbaum gestützt oder aufgehängt. Häufig ist Victoria so dargestellt als ob sie eben erst die Formel auf den Schild schriebe.

Die genannten beiden Darstellungen des opfernden Kaisers und der Victoria mit dem Schild erhalten übrigens ihre Beziehung auf die Decennalien erst durch die sie begleitenden Inschriften und werden außerdem häufig zu anderem Behuf verwendet.

Wo deshalb eine äußerliche inschriftliche oder anderweitige Beglaubigung der beabsichtigten Beziehung fehlt, ist die sichere Erklärung sehr erschwert, wenn nicht unmöglich gemacht.

Was lehren nun bezüglich dieser Typen die Alexandriner?

Der opfernde Kaiser findet sich auch auf den alexandrinischen Münzen öfters, doch lange nicht so häufig wie auf den römischen. Er erscheint bald allein, gewöhnlich am Altar opfernd (auch im Tempel am Altar, auch am Altar der vor einer Serapisbüste steht), bald zugleich von einer Göttin (Nike, Alexandreia, Roma oder Euthenia?) bekränzt. Diese Darstellungen finden sich auf den Alexandrinern in der Zeit von Trajan bis Elagabal.[33]) Nirgends

---

[33] Mir sind folgende Beispiele bekannt: Trajan: LIA (im Tempel, Ms 107), LIS (bekränzt von Nike, B 527, ebenso Mus. Theup. II 1117 [hier mit irriger Beschreibung] = M 701), LIS und LIII (von Alexandria bekränzt, B 529—531). — Hadrian: LΔ (im Tempel, M 875). LE? (M 889). LIE (M 1116, D 1358, B 857. 858. Turin 6853). — Antoninus P.: LIII? Kaiser und Kaiserin opfern, Ms 283; vgl. Ms 3620. LKΔ (von Nike bekränzt, Ms 357). — M. Aurelius: LΔ (von Euthenia? bekränzt, M 2049, vgl. Ramus, num. regis Daniae I p. 373 nr 9, hier von Roma?). — L. Verus: L? (von Roma bekränzt, Turin 7627). — Commodus: LKΔ der Kaiser als Serapis-Oberpriester in hoher Mütze opfert vor Serapisbüste, Ms 450, B 1432). LKH (von Alexandria bekränzt, M 2377. 2378). LKΘ (von Nike bekränzt, M 2387, D 2282. B 1434 und sonst sehr häufig). — Julia Domna: LΔ des Septimius Severus (Ms 479, die Beschreibung des einzelnen ist zu bean-

ist auf diesen Münzen durch eine Inschrift die Beziehung auf die Decennalien oder eine entsprechende Feier gewährleistet. Auch läßt sich nirgends eine besondere Beziehung zu LI oder LK entdecken. Daher können diese Münzen hier nicht verwertet werden. Nur eine Münze des Commodus [34]) mit ähnlicher Darstellung (der Kaiser opfert umgeben von drei Soldaten an dem Altar, aus LK des M. Aurel) und mit der Inschrift ΠΡΟΝΟΙΑ ΘΕωΝ mag sich auf ein Vicennalienopfer des Commodus beziehen, das er für seinen Vater und Mitkaiser M. Aurel veranstaltete, zugleich das Reich auch für die Zukunft der bisher hilfreichen PROVIDENTIA DEORVM empfehlend, welche gleichzeitige römische Münzen ebenfalls verherrlichen [35]).

Auch der zweite schon oben angeführte Typus der Victoria mit dem Schilde zeigt auf den Alexandrinern keine Beziehung zu den kaiserlichen Decennalien. Das Bild findet sich zwar, aber, verglichen mit dem Vorkommen

---

standen: sie stammt aus dem oft sehr wunderlichen S. Quintino; vgl. Turin 7712. — Elagabalus: LB (der Kaiser opfert vor einer Serapisbüste, Ms 487. B 1524).

[34]) Die Münze ist höchst selten und mir nur aus dem Mus. Theupoli II p. 1160 (daraus bei Zoega 237,11 und Mionnet 2328) bekannt. Allerdings wird von Sestini, classes generales² 170 die Inschrift ΠΡΟΝΟΙΑ ΘΕωΝ aus LK und LKΔ angeführt; da Sestini häufig unzuverlässig ist muß das Jahr LKΔ bis auf weiteres beanstandet werden. Auf der Münze Tiepolo ist ΠΡΟΝΟΙΑ (nicht ΠΡΟΝΙΑ, wie im Mus. Theup. a. a. O. gedruckt ist) ganz deutlich, ΘΕωΝ aber gänzlich verwischt. — Die Inschrift ΠΡΟΝΟΙΑ findet sich auf Alexandrinern mehrfach, aber immer mit verschiedener bildlicher Darstellung verbunden. So zuerst unter Nero ΠΡΟΝοια ΝΕΟΥ ΣΕΒΑΣΤΟΥ mit dem Bilde des sitzenden strahlenbekränzten Kaisers mit Rolle und Szepter aus J. 3. 4 (D 676). 5. 6 (D 691), dann unter Hadrian ΠΡΟΝΟΙΑ mit dem Bilde der stehenden bekränzten Pronoia, die den Vogel Phoenix, in der Linken ein langes quer genommenes Szepter hält, aus J. 22, ferner unter Commodus, aber mit anderem Bilde als oben, ΠΡΟΝΟΙΑ strahlenbekränzt stehend, in der Linken das Szepter haltend und die Rechte erhebend, aus J. 30, endlich unter Pertinax mit der Inschrift ΠΡΟΝΟΙΑ ΘΕωΝ, Pronoia stehend erhebt beide Hände betend gegen einen Stern (D 2297; vgl. F. Imhoof-Blumer, Archäol. Jahrbuch III 286 mit Tafel 9,1; auch in Dresden, Eckhel DN IV 81) aus J. 1. Ganz dieselbe Darstellung auch auf römischen Münzen des Pertinax mit PROVIDENTIA DEORVM (Cohen² III 394, 39 - 52). Vgl. noch Zoega, numi Aegyptii p. 237. 241.

[35]) M. Aurel hatte, als er am 17 März 180 starb, kurz vorher — am 7 März — sein zwanzigstes Regierungsjahr angetreten: im zwanzigsten alexandrinischen Jahr lebte er vom 29 August 179 bis zu seinem Tode, also 6¹/₂ Monate. Deshalb können sich sehr wohl noch aus M. Aurel's J. 20 Alexandriner finden. Doch sind solche aus den letzten Jahren M. Aurel's überhaupt selten, und aus J. 20 sind mir keine sicheren Beispiele zur Hand. Allerdings finden sich bei D 2092. 2093 zwei Alexandriner M. Aurel's aus J. 20; aber 2092 ist nicht nach Athen gekommen, konnte also dort nicht nachgeprüft werden. Auf D 2093 steht zwar das Jahr (LK) fest, aber die Vorderseite ist sehr schlecht erhalten und das Bild ist sehr wahrscheinlich kein M. Aurel. — Die bei D 2094 verzeichnete Münze M. Aurel's mit LKΔ beruht selbstverständlich auf irgend einem Irrtum: außer dem Datum macht sie auch die Darstellung — laufender Pegasus — verdächtig. Denn dieser kommt auf Alexandrinern nur noch einmal unter Domitian J. 11 (Rollin-Feuardent, catalogue, Paris 1864, Nr. 8638) vor.

auf den römischen Münzen, sehr selten, und daß auf dem Schilde eine Jahrzahl angegeben wird ist noch viel seltener. Letzteres findet sich nur auf zwei alexandrinischen Münzen, je einer des Gallienus mit LIE und des Claudius Gothicus mit LA. So kann auch hier eine Beziehung auf die Decennalien nicht behauptet werden [36]).

12. Es geben demnach außer dem Palmzweig auch Inschriften im Kranze einen sicheren Hinweis auf die kaiserlichen Decennalien, nach dem auch hier maßgebenden Vorbilde römischer Münzen. Der Kranz kann so verwendet werden, weil man dem Kaiser, wie bei anderen glücklichen Ereignissen, so auch beim glücklichen Abschlusse von Regierungsabschnitten Kränze, das alte Zeichen der Ehrenerweisung, des Glückwunsches, der Huldigung, widmete, oft sehr kostbare. Darum kann Eusebios in seinem τριακονταετηρικὸς εἰς Κωνσταντίνον die Tricennalien des Kaisers τριακονταετηρικοὺς στεφάνους nennen [37]) und in der Einleitung zum βίος Κωνσταντίνου [38]) bildlich von den τριακονταετηρικοὶ λέγων στέφανοι sprechen, welche er neulich geflochten und das geheiligte Haupt des Kaisers damit umwunden habe. [38]) Der Kranz aber erhält dadurch noch eine besonders treffende Bedeutung daß er neben der Palme das regelmäßige

36) Die an sich häufige Münze des Gallienus (M 3333. D 3108. B 2198) zeigt zwei Niken welche einen Schild tragen worauf LIE steht. Dieser Typus findet sich allein hier auf Alexandrinern. Die nur aus Banduri I 211,6 bekannte Variante (M 3334), welche statt des Schildes einen Lorbeerkranz haben soll, beruht gewiß auf einem Irrtum. — Nur eine Nike mit dem Schild findet sich häufiger. Sie hat ihn auf eine Säule gestellt und (oder) schreibt auf den hochgestellten. So unter Antoninus Pius LZ (Z. 180,151 m. Abb. = M 1578. D 1648. B 1069; nicht selten), M. Aurelius I. (EM 2055, auch in Neapel), Septimius Severus I.A (B 1457, auf dem Schild ein Ammonskopf. Numism. Chron. II, 1, 226, abgeb. Tfl. 10,3, hier wird das Schildzeichen als Serapiskopf bezeichnet). Elagabal I.E (M 2477 aus Arigonio, Philippus I I.A (B 1971. D 2819 m. Abb., auch bei Gréau und Huber, Schildzeichen: Gorgomaske), Claudius Gothicus I.A (M 3415. D 3199. B 2324, häufig, die Jahrzahl I.A steht auf dem Schilde). Verwandt den eben besprochenen Darstellungen ist das einzeln stehende Bild aus Diocletians Jahr 9 (B 2523 m. Abb.): Nike hält mit der linken Hand eine viereckige Tafel mit dreieckigem Aufsatz und hat eben (ihre rechte Hand hält noch den Griffel) darauf geschrieben ENATOY (L steht oben im Feld der Münze).

37) 6,1 Ὁ δὲ (Gott) τῶν ἀμοιβαίων τὰ ἴχνη προμνώμενος τριακονταετηρικοὺς αὐτῷ (dem Kaiser) διανέμει στεφάνους χρόνων ἀγαθαῖς περιόδοις ἀποτελεσθέντας. Vgl. Eckhel DN VII 7. VIII 479.

38) I, 1, 1 ἄρτι ἡμεῖς αὐτοὶ τὸν καλλίνικον (den Kaiser) μέσον ἀπολαβόντες θεοῦ λειτουργὸν συνόδου πλεοσακτηριουῖς ὕμνοις ἐγείραιμεν· ἤδη δὲ καὶ τριακονταετηρικοὺς αὐτῷ λέγων πλέξαντες στεφάνους ἐν αὐτοῖς πρώην βασιλείοις τὴν ἱερὰν κεφαλὴν ἀνεστέφομεν.

39) Eine stadtrömische Inschrift (CIL VI 488) lautet: *Praesentiae Matris Deum P. Septimius Felix ob coronam millesimi urbis anni*. Hier erklärte M. Z. Boxhorn, quaestt. Rom. 18 (Graevii thes. antiquitt. Rom. V 952) *corona millesimi anni* als *periodus mille annorum* und Eckhel DN VIII 479 stimmte bei. Aber das ist sprachlich unmöglich. Richtig versteht Mommsen zum CIL a. a. O. *corona* von einem Siegeskranz, den Felix in den zur Feier des tausendjährigen Reiches veranstalteten ludi (s. oben S. 7) gewonnen habe.

Attribut der Nike ist. Diese Nike ist das von allen auf Alexandrinern vorkommenden Münzbildern weitaus häufigste und soll den Gedanken ausdrücken daß die Schutzgöttin von Kaiser und Reich (Νίκη Σεβαστή, s. unten S. 35) den Kaiser zu den Erfolgen seiner Regierung beglückwünscht und ihm selbst huldigt [40]).

13. Wie der Kranz ist auch der **Palmzweig** eine Art abgekürzten Glückwunsches, die Andeutung einer Ehrenerweisung. Der Kranz in der hier behandelten besonderen Bedeutung wurde, wie wir sahen, von den römischen Münzen auf die Alexandriner übertragen. Woher kam der Palmzweig? Nicht von den römischen Munzen. Denn auf diesen findet sich, so viel ich wenigstens weiß, der Palmzweig als Beizeichen bis zum Ende des dritten christlichen Jahrhunderts nicht. Später erscheint er mehrfach, aber gewöhnlich im Abschnitt, selten im Feld der Münze. Dagegen kommt er auf griechischen Münzen, und zwar aus den verschiedensten griechischen, besonders den ostgriechischen, Münzgebieten, häufig vor, doch meist vereinzelt und mit anderen Beizeichen abwechselnd, und ist gewöhnlich mehr, wie es scheint, von münztechnischer, als von sachlicher Bedeutung. Doch fehlt auch die Verwendung im letzteren Sinne nicht ganz. So findet er sich z. B. bei agonistischen Haupttypen nicht selten als Hinweis auf den Sieg: wie auf geschnittenen Steinen so auch auf Münzen, z. B. auf Kupfermünzen von Smyrna etwa aus dem ersten vorchristlichen Jahrhundert (Brit. Mus. Catal. of Greek coins, Ionia p. 242) und auf athenischen Kupfermünzen aus der früheren Kaiserzeit (s. Brit. Mus. Attica etc. p. 100). Und noch auf den spätrömischen Contorniaten hat das sehr häufige

---

40) Vgl. noch die Münze des Geta aus J. 19 des Septimius Severus (B 1481), welche auf der Rs. die Nike mit Kranz und Palme zeigt mit der Umschrift ΝΕΙΚΗ ΚΑΙ ΒΡΕΤΑΝ (= Νίκη Καίσαρος Βρεταννικοῦ oder Καισάρων Βρεταννικῶν. Sie bezieht sich also auf den Britannischen Feldzug des Severus, woran auch Geta Teil nahm. Die Münze ist aus dem Todesjahr des Severus (J. 19 = 210/211 n. Chr.). Er starb zu York am 4. Febr. 211. Geta war schon seit J. 209 zum Augustus erhoben worden. Die VICTORIAE BRITANNICAE finden sich oft auf den römischen Münzen des Septimius Severus, Caracalla und Geta genannt, und alle drei führen den Beinamen *Britannicus*. Wegen der Form dieser Inschrift vgl. noch Ms. IX 249,153 (wo Nike auf einen Schild die Worte ΝΕΙΚΗ ΚΑΙC schreibt, vgl. Eckhel DN IV 441) und Imhoof-Blumer, Monnaies grecques p. 41 (Nike mit Kranz und Palme und der Umschrift ΝΙΚΗ ΝΕΡΩΝ). — Solche auf geschichtliche Ereignisse bestimmt hinweisende Inschriften sind auf den Alexandrinern äußerst selten. Vgl. noch die Münzen des M. Aurelius und seines Mitregenten L. Verus aus beider J. 5 welche auf der Rückseite ein Tropäon zeigen, an dessen Fuß ein Gefangener mit orientalischer Mütze (oder die Armenia?) sitzt, darum die Inschrift ARMENIA. Die M. des M. Aurel s. B 1280 nur hier mit der Inschrift, sonst häufiger ohne sie, z. B. M 2064. D 2044); die des L. Verus, welche oft vorkommt, bei M 2254. D 2219. 2220. B 1369 u. s. w. Man vergleiche die gleichzeitigen römischen Münzen des M. Aurelius und seines Mitkaisers mit ARMENIA,

vertiefte Beizeichen der Palme (Cohen-Feuardent, monn. impériales VIII* 274) dieselbe Geltung.

Wenn man vermuten möchte daß sich etwa auf den Münzen der Ptolemäer der Palmzweig häufig fände, da die Prägung der alexandrinischen Kaisermünzen in vieler Hinsicht an die ptolemäische anknüpft, so widerspricht dieser Vermutung der Thatbestand. Er findet sich auf den Ptolemäer-Münzen so gut wie gar nicht. Am häufigsten unter allen griechischen Münzgruppen ist er auf den Münzen der syrischen Könige und Städte, aber so daß er auch da mit und neben anderen Beizeichen vorkommt und eine Bedeutung wie wir sie für die Alexandriner annahmen nicht gehabt haben kann. Immerhin sind hier die antiochenischen Silbermünzen, von Galba bis Nerva geschlagen, nicht zu übersehen, welche auf der Rückseite das kaiserliche Regierungsjahr in der Formel ETOYΣ NEOY IEPOY A, B, Γ u. s. w. zeigen neben dem Bilde des ausgebreiteten Adlers, der auf Blitz oder Keule steht und neben sich als Beizeichen den Palmzweig hat (Eckhel DN IV 413. Vgl. auch unten S. 36). Nirgends erscheint aber dieses Beizeichen in so gleichmäßiger Verwendung wie auf den von uns besprochenen Alexandrinern.

Wenn es nicht möglich ist jenes Beizeichen an sich unmittelbar von den Ptolemäern herzuleiten, so gelingt dies unschwer auf einem Umwege. Schon Eckhel hat beobachtet (s. oben S. 4. 13. 14) daß der auf die Decennalien hinweisende Palmzweig dann fehle oder fehlen könne wenn er in dem Hauptbilde bereits vertreten ist. Hier kommen als Typen in Frage die Nike in ihren verschiedenen Darstellungen, besonders wann sie mit Kranz und Palme erscheint (s. oben S. 13 Abb. 7 und hier Abb. 15 [Gallienus]), der Adler der auf dem einen Flügel einen Palmzweig trägt (s. Abb. 16 [Gallienus]), Hermanubis, dem Palmzweig oder Kerykeion oder beides (s. z. B. den schakalköpfigen Anubis mit Palme und Kerykeion in den Händen, Ann. dell' inst. 1879, tav. I) oder ein oben in einen Palmzweig auslaufendes Kerykeion (s. S. 4. 13 und 14) zugesellt ist. Der Palmzweig und das Kerykeion des Hermanubis ist entstanden aus einer Umbildung zweier ägyptischer Attribute des Anubis, der Geißel und des Herrscherkrummstabs (Pauly-Wissowa, REncykl. I 2649), und es muß sich hier der Palmzweig der sonst festgestellten Bedeutung fügen. Auf den Ptolemäermünzen erscheint er nicht. Über sein verhältnismäßig frühes Vorkommen s. oben S. 5.

Nr. 15.

Nr. 16.

Auch findet sich kaum auf den Ptolemäermünzen die auf den Alexandrinern so überhäufige Nike mit Kranz und Palme.

Um so mehr Aufmerksamkeit verdient das dritte oben genannte Bild, der Adler mit dem Palmzweig über dem einen Flügel.

Der Adler, der König der Vögel (οἰωνῶν βασιλεύς heißt er schon bei Aeschylus), ist der Vogel der Könige. Die Ptolemäer setzten ihn dem Beispiele Alexanders d. Gr. folgend mit Vorliebe auf ihre Münzen (wegen Antiochien's s. oben S. 32). Der Königsadler wird mit den Attributen der Herrschermacht, des Sieges und der Segensfülle ausgestattet. So erscheint er auf den Seleukiden- und Ptolemäer-Münzen sehr häufig auf dem Blitz oder der Keule sitzend, oder er hat auf oder über den Flügeln das Szepter oder den Palmzweig oder das Füllhorn u. dgl. Octavian brachte den Adler aus Ägypten als kaiserliches Wappen. Kein Wunder also daß die Adler-Typen auf den alexandrinischen Kaisermünzen bevorzugt werden. Die oben genannten Bilder finden sich auf ihnen häufig, namentlich auch der Adler mit dem über den Flugel gelegten Palmzweig. Nur das Szepter und das Füllhorn an dem Flügel des Adlers scheint hier nicht vorzukommen. Dagegen bevorzugen die Alexandriner den Kranz, der bei den Seleukiden und Ptolemäern sich nur spärlich findet, als Attribut des Adlers. Der Adler mit dem Kranz im Schnabel wetteifert, wie schon oben bemerkt wurde, mit der Nike welche Kranz und Palme trägt in häufigem Vorkommen, und er hält mit dieser in der sich immer steigernden Eintönigkeit der Typen bis zu dem Ende der alexandrinischen Münzprägung aus.

Die Alexandriner verzichten oft auf die Hinzufügung des Palmzweiges dann wann er schon im Hauptbild vertreten ist (s. oben S. 4. 14); auch daraus erhellt daß das Beizeichen in demselben oder wenigstens in ähnlichem Sinne aufgefaßt werden muß wie der Palmzweig des Hauptbildes. Es ist auch der Palmzweig auf den Alexandrinern ein unmittelbar zu dem damaligen Beschauer sprechendes Symbol, dessen Beziehung auf den Kaiser sich von selbst verstand, womit man diesem huldigte und ihn zu seinen Erfolgen beglückwünschte [41]).

---

[41]) Auf römischen Inschriften wird bekanntlich oft zu den Kaisernamen der Palmzweig oder (und) der Kranz hinzugefügt. Der Schild mit der Decennalien-Formel oder ähnlichen wird von Victoria oft an einen Palmbaum angelehnt oder angehängt (s. oben S. 28). Auf prächtigen Denkmünzen zu Ehren des tausendjährigen Reichsjubiläums, die auf der Rückseite (Inschrift SAECVLARES AVGG) die damals gehaltenen circensischen Spiele verherrlichen (Cohen³ V 138,13; vgl. 12) ist am Circus ein mächtiger, alle Gebäude überragender Palmbaum abgebildet.

Wie die Bildersprache der Palme, des Kranzes, des Adlers seit alter Zeit sich eingebürgert hatte, zeigt die Festtracht des römischen Triumphators, welche später auch die Kaiser annahmen: die

Ein solcher Erfolg war aber — und erst recht in jener Zeit kurzer Regierungen — die durch zehn Jahre hindurch geführte Leitung des Reiches.

mit Palmzweigen bestickte tunica (später auch toga) palmata, das elfenbeinerne Adlerszepter, der goldene über seinem Haupte schwebend gehaltene Kranz, und daß der Triumphator auf dem Capitol in den Schoß Juppiters einen Palmzweig niederlegte *(palmam dedit)*. Die Formel PALMAM DEDIT findet sich ganz regelmäßig bei Verzeichnung der Triumphe aus den Jahren 711 d. St./43 v. Chr. bis 733/21 in den tabulae Barberinianae (CIL. I p. 478). — Mit dieser Sitte des Niederlegens der Siegespalme in den Schoß des capitolinischen Juppiters läßt sich wohl vergleichen was Plinius XII · XV 133 vom Lorbeer sagt: *in gremio Iovis optimi maximique deponitur quoties laetitiam nova victoria attulit*. — Im Jahre 459 d. St./295 v. Chr. wurden zum erstenmale bei den ludi Romani den Siegern *more translato e Graecia* Palmzweige gegeben (Liv. X 47).

Nachtrag zu S. 17 Anm. 14.

Die oben beanstandete Großbronze in Wien (= M 2977) ist, wie ich eben noch von dort erfahre, schon von Eckhel selbst in einem handschriftlichen Zusatz an seinem Exemplar des Catal. Caes. mus. num. (*est spurius*) als Fälschung bezeichnet und längst aus der Sammlung ausgeschieden worden.

III

14. Es lassen sich noch andere Beziehungen auf die kaiserlichen Decennalien im Bereiche der alexandrinischen Münzen finden.

Zunächst ist hier einer Gruppe von Münzen Domitians zu gedenken. Es sind größere (30—25 mm Durchmesser), besonders sorgfältig gearbeitete Erzmünzen mit Bildern von Göttinnen, welche durch die Inschrift ΣΕΒΑΣΤ oder ΣΕΒΑΣΤΗ (ob auch ΣΕΒΑΣΤΟΥ?) auf den Kaiser bezogen sind. Diese Münzen finden sich nur in Jahr 10 und 11 [42]) Domitians, und es haben sie deshalb schon Zoega (numi Aegyptii p. 54) und J. Friedlaender (Wiener Numism. Zeitschr. IV 475; vgl. auch A. v. Sallet, Daten 27) mit Recht als auf die Feier der Decennalien Domitians hinweisend angesehen. Hierher gehören folgende Typen: 1) ΑΘΗΝΑ ϹΕΒΑϹΤ aus J. 10 (M 445. Hedervar-Sestini. D 873. B 288 m. Abb. 289. Berlin, s. Abb. 17. — 2) ΔΙΚΑΙΟΣΥΝΗ ΣΕΒΑΣΤΟΥ aus J. 11, allein aus dem Mus. Farnes. IX 202,8 = M 470 nachgewiesen.

Nr. 17.

Nr. 18.

Es wird ΣΕΒΑΣΤΗ oder ΣΕΒΑΣΤ auf der Münze gestanden haben. — 3) ΕΛΠΙϹ ϹΕΒΑϹΤΗ [43]) aus J. 11 (Z 55, 86. M 473. 474. B 291.

---

[42]) Die betreffenden Münzen Domitians aus anderen Jahren sind zu beanstanden. Selbst die von Z 49,2 und M 374 gesehene Pariser Münze (Nike) aus LA war gewiß vielmehr aus LIA (es wird mir bestätigt daß das Feld der Münze zerkratzt ist und sehr wohl LIA gestanden haben kann), ferner beruht die aus LΔ bei Z 53,36 (Nike) angeblich aus der Pariser Sammlung angeführte, aber von Mionnet nicht verzeichnete Münze sicher auf einem Irrtum, ebenso die von Z 49,1 aus Paris angeführte (Elpis). Letztere wird eine der beiden von Mionnet 473. 474 zu Jahr 11 angeführten gewesen sein, die Zoega falsch gelesen hatte. Endlich sind auch M 393 (Nike), angeblich aus LΓ, und M 432 (Tyche), angeblich aus LII, ganz unzuverlässig. Beide Münzen sind aus A. Morellii Imperatores entnommen.

[43]) Diese Inschrift Ἐλπὶς σεβαστή (mit Unrecht von Friedlaender a. a. O. bezweifelt) und die folgende Εὐθηνία σεβαστή lehren daß auch in den übrigen eher ϹΕΒΑϹΤΗ als nach der zweifelhaften Nr 2 ΣΕΒΑΣΤΟΥ (wie es z. B. Head HN p. 719 thut) zu ergänzen ist. S. auch unten S. 36, Z. 13 und vgl. noch die entsprechenden Inschriften auf Münzen: 1) von Kreta ΔΙΚΤΥΝΝΑ ΣΕΒΑΣΤΗ Head HN p. 384. — 2) von Magnesia am Sipylos ΕΙΡΗΝΗ ϹΕΒΑϹΤΗ Head HN p. 551 und unbekannten

Nr. 19

Turin. Löbbecke, s. Abb. 18. — 4) ΕΥΘΗΝΙΑ CEBACTH aus J. 11 (B 292 m. Abb., gering erhaltenes Exemplar; gewiß ein anderes Exemplar dieser Münze war dasjenige welches Zoega im Museum Bracciani sah (Z 56,88 = M 471) mit der Inschrift ΕΥΘΗΝΙΑ. Das zweite Wort wird verwischt gewesen sein. — 5) ΝΕΙΚΗ CEBACT aus J. 11 (Ms 81. D 888. Rollin-Feuardent, catalogue, Paris 1864, Nr 8642, hier angeblich mit ΝΕΙΚ CEBACT. Berlin, s. Abb. 19. Löbbecke. — 6) ΤΥΧΗ CEBACT aus J. 11, die häufigste dieser Münzen (Z 55,87. M 472. D 891. 892. B 297. 298. Turin u. s. w.). —

Gleichartige Inschriften finden sich auf Alexandrinern nicht vor Domitian, unter ihm nur in J. 10 und 11, und nach ihm als große Ausnahme nur einmal. Unter Hadrian kommt nemlich Elpis vor als ΕΛΠΙC CEBACTH aus LIS (sehr selten, Mus. Theupoli II 1123, jetzt in Wien; die Münze hat LIS, nicht, wie im Mus. Theupoli steht, LI — Zoega's Vermutung p. 110, 111, als wenn die Münze von Domitian sei, ist irrig —; dann noch ein zweites Exemplar aus LIS in Wien, Eckhel DN IV 63). Alles spricht dafür daß jene Domitians-Münzen für einen besonderen Zweck geprägt sind, [44]) eben für die Decennalienfeier. Da das zehnte Regierungsjahr Domitians vom 13. Sept. des J. 90 n. Chr. bis dahin 91 reichte, so fiel es in dessen zehntes alexandrinisches Jahr und in den Anfang des elften. Außerdem ist nicht zu übersehen daß die alexandrinische Prägung von allen Jahren Domitians im J. 10 und namentlich im J. 11 weitaus am reichlichsten ist, was wahrscheinlich dieselbe Ursache hat. — Schließlich gibt noch einen schönen Beweis für die Hervorhebung von J. 10 des Domitianus eine nur in einem Exemplar mir bekannte alexandrinische Erzmünze Domitians, welche auf der Rückseite den Kopf der Isis zeigt mit der Inschrift ΕΤΟΥΣ ΔΕΚ ΙΕΡΟΥ (in Athen, Postolakas, νομίσματα . . . κατατεθέντα 1883—84 S. 193). Dies erklärt sich sehr

---

Orts unter Trajan M VI 695,553. — 3) von Tralleis ΗΛΙΟC CEBACTOC Head HN p. 555. — 4) von Kaisareia in Kappadokien ΝΕΙΚΗ ΣΕΒΑΣΤΗ M IV 409,16 (ebendort 410,20 ΝΙΚΗ CEBAC). — 5) unbekannten Orts unter Domitian und Trajan ΟΜΟΝΟΙΑ ΣΕΒΑΣΤΗ M VI 686,495—498. M VI 695,551. 552.

44) So beziehen sich die gleichfalls in der ganzen alexandrinischen Prägung allein stehenden Polinmünzen aus Nero's J. 13 und 14 mit Götterbüsten und den Inschriften Ἀπόλλων Ἄκτιος, Ἀπόλλων Πύθιος, Ζεὺς Νέμειος, Διὸς Ὀλυμπίου, Ἥρα Ἀργεία, Ποσειδῶν Ἴσθμιος und die M. mit dem Bilde der kaiserlichen Jacht und der Umschrift σιβαστοφόρος (sc. ναῦς) auf Nero's griechische Reise in jenen Jahren (= 66 und 67 n. Chr.). — Schon sachlich fällt aus dieser Reihe heraus die Münze mit Ζεὺς Καπιτώλιος aus Nero's J. 14, nur bekannt aus Sestini, class. generales* 168 (auch bei Head HN p. 719, wohl nach Sestini, verzeichnet) und darum bis auf weitere Beglaubigung zu beanstanden.

gut nach anderen ähnlichen Inschriften auf gleichzeitigen ostgriechischen Münzen, z. B. ΕΤΟΥΣ ΙΕΡΟΥ oder ΕΤΟΥΣ ΝΕΟΥ ΙΕΡΟΥ (s. oben S. 32). Auf Alexandrinern kommt, so viel ich weiß, weder vorher noch nachher diese Bezeichnung vor [45]).

15. Auf den Alexandrinern der Kaiser vor Domitian welche Decennalien gefeiert haben scheint sich ein Hinweis auf deren Decennalien nicht zu finden. Das ist bei Augustus und Tiberius nicht zu verwundern, da deren alexandrinische Prägung überhaupt sehr spärlich ist (s. auch oben S. 24). Bei Claudius und Nero ließe sich ein solcher eher erwarten, und wenigstens bei Claudius könnte man dafür die Thatsache verwerten daß aus J. 10 und 11, besonders aus ersterem, weitaus die meisten Alexandriner in seiner Regierung vorkommen. Doch kann diese Steigerung im J. 10 auch allein daraus sich erklären daß die Prägung im J. 9 ganz geruht hatte. Ich wenigstens kenne keinen Alexandriner aus J. 9 des Claudius. — Es liegt aber nahe zu untersuchen ob sich nicht wie unter Domitian so auch unter Trajan, Hadrian, Antoninus Pius und M. Aurel Decennal-Münzen finden. Von den entsprechenden Münzen des Commodus und seiner Nachfolger ist bereits gehandelt worden.

Die alexandrinische Prägung setzt unter Trajan mäßig ein: Potin- und Erzmünzen halten sich ziemlich das Gleichgewicht. Dieses Verhältnis verändert sich plötzlich mit J. 11. Die Prägung vermehrt sich, sie ist wenigstens verdoppelt, und vor allem hat jetzt das Großkupfer gegenüber dem Silber (Potin) weitaus die Überzahl. Besonders das Großkupfer bietet nunmehr eine Überfülle der mannigfaltigsten Darstellungen, namentlich aus der griechischen und der ägyptischen Götter- und Sagenwelt, aber auch aus der Zeitgeschichte. Ihr Mittelpunkt ist der Kaiser. Ihn verherrlichen die Münzen in verschiedenster Weise, bald unmittelbar, bald mittelbar in der Bildersprache des Vergleiches und der Allegorie. Alle diese Bilder verleihen der alexandrinischen Prägung einen Glanz wie ihn keine griechische Prägung der Kaiserzeit sonst aufweisen kann.

Schon Zoega (Numi Aegyptii p. 65) hat von Trajan's J. 11 eine neue Epoche der alexandrinischen Prägung datiert, die er durch die Decennalien des Kaisers verursacht glaubte. Das ist um so wahrscheinlicher als das zehnte römische Regierungsjahr Trajans (vom 25 Jan. 107 bis dahin 108) in seiner zweiten Hälfte mit der ersten Hälfte des elften alexandrinischen Jahres des Kaisers (vom 29 August 107 bis dahin 108) sich deckte.

45) Die Lesart ist, wie mir bestätigt wird, sicher. Man darf nicht etwa an ΕΤΟΥΣ ΔΕΥΤΕΡΟΥ denken, eine freilich nahe liegende Vermutung, da auf Alexandrinern Domitians die Jahrzahl häufig ausgeschrieben wird.

Der mit J. 11 einsetzende neue Schwung der alexandrinischen Prägung erhält sich (zum Teil sogar noch gesteigert) auch in den nächsten sechs Jahren und nimmt (aber nicht gerade erheblich) erst von J. 18 ab.

Das hier Vermutete bestätigt sich unter Hadrian.

Seine alexandrinische Prägung beginnt (sein erstes alexandrinisches Jahr hatte nur 2½ Wochen) lebhaft in J. 2, geht aber dann allmählich zurück bis in das J. 9. Dann mit einem Male wird sie in J. 10 und 11, besonders in letzterem, außerordentlich reichhaltig. Auch bei Hadrian ist die Silber- (Potin) und Kupferprägung in den ersten Jahren ziemlich gleich reichlich. Aber von J. 10 ab ist das Großkupfer etwa dreimal so stark als das Silber. Nach J. 11 geht zunächst die Prägung auffällig zurück. Dann hebt sie sich wieder und erreicht ihren Höhepunkt im J. 19[46]), um dann zum zweitenmale nachzulassen. Aber auch in der Zeit nach J. 11 überwiegt weitaus das Großkupfer. Das zehnte römische Jahr Hadrians reicht vom 11 Aug. 126 bis dahin 127 und fällt in sein zehntes (vom 11—29 Aug. 126) und elftes (vom 30 Aug. 126—28 Aug. 127) alexandrinisches Jahr.

Was liegt näher als jenes plötzliche Anschwellen der alexandrinischen Prägung in Hadrians J. 10—11 von der Feier der Decennalien abzuleiten? zumal auch die Nomenprägung unter Hadrian ungewöhnlich stark und fast nur im J. 11 auftritt (s. unten S. 43).

16. Unter Antoninus Pius erscheint zuerst auf dem römischen Reichsgelde ein inschriftlicher Hinweis auf die Decennalien (s. oben S. 27): wie verhält sich die alexandrinische Münzprägung?

Auch sie setzt erst wie bei Hadrian mit J. 2 ein (das erste alexandrinische Jahr Antonin's hatte nur sieben Wochen), aber sofort sehr kräftig und sogleich mit starkem Übergewicht des Großkupfers, welches durch die ganze Zeit Antonins sich erhält. Die Höhepunkte der Prägung sind J. 5, J. 8 und J. 10, und unter diesen dreien ist im J. 5 die Prägung weitaus am reichlichsten. Nach J. 10 fällt diese sofort und bleibt auf einem mäßigen mittleren Stande.

Das Anwachsen der Prägung im J. 10 dürfen wir gewiß auf die Decennalienfeier beziehen, und dies um so mehr als das J. 10 des Kaisers zusammenfiel mit dem J. 900 der Stadt Rom, welches Antonin glänzend feierte (Aur. Victor, Caess. p. 322 *celebrato magnifice Urbis nongentesimo*). So hatten die loyalen

---

46) Woher kommt die Häufigkeit der Prägungen im J. 19 Hadrians? Bezieht sie sich etwa auf den Sieg des Kaisers (der sich von da ab Imp. II nannte?) über das benachbarte Judaea, das in jenem Jahr erst nach 3½jährigem Widerstand aufs neue bezwungen wurde?

Alexandriner doppelte Veranlassung dieses Zusammentreffen in ihrer Prägung zu verherrlichen.

Dafür spricht noch Folgendes. Unter Antoninus, und fast nur unter ihm, finden sich auf den Alexandrinern Herakles-Abenteuer dargestellt, stets auf Großkupfer und in solcher Fülle daß sich nirgends sonst auf Münzen eine so vollständige Reihe der Herakles-Thaten wiederfindet.

Herakles wird im römischen Reichsgeld unter Trajan und Hadrian öfter auf Gold- und Silbermünzen, ganz selten auf Kupfermünzen dargestellt, stehend oder sitzend mit seinen gewöhnlichen Attributen, am Altare opfernd u. s. w. Die Herakles-Abenteuer treten hier ganz zurück. Auch unter Antoninus Pius und M. Aurelius werden die bisherigen Heraklesbilder auf den römischen Münzen beibehalten, sie finden sich aber auch dort recht selten. Dagegen bieten jetzt die stattlichen römischen Bronze-Medaillons öfter neben anderen Heraklesbildern namentlich auch Herakles-Thaten und, außer solchen die Herakles in Verbindung mit italischen Sagen zeigen, auch einige der bekannten griechischen Abenteuer, z. B. Herakles im Gigantenkampf, Herakles bei den Hesperiden u. a. dgl. Unter dem Bilde des Herakles ist aber der Kaiser gedacht, welcher alle großen und schwierigen Aufgaben, die ihm seine Stellung entgegenbringt, siegreich löst wie Herakles einst die seinigen (vgl. R. Peter in Roscher's Lexikon der griech. u. röm. Mythol. I 2980).

Die alexandrinischen Heraklesbilder beginnen unter Antonin etwa gleichzeitig mit den römischen: die römischen werden aber von den alexandrinischen (die sich freilich im Rahmen der Münzen halten, während die römischen Medaillons Prunk- und Prachtstücke sind) an Reichhaltigkeit und Mannigfaltigkeit weitaus übertroffen.

Diese alexandrinischen Münzen mit Heraklesabenteuern, lauter Großkupfer, finden sich zuerst in Antonins J. 4 [17]) und werden in J. 5 und 6 zahlreicher,

---

[47]) Aus diesem Jahr ist auch ein Großkupfer mit Herakleskopf M 1456 auch in Neapel. Ferner aus J. 5 ein gleichfalls ganz vereinzeltes Großkupfer: Herakles mit Keule und Löwenhaut stehend trägt auf der Rechten einen Modius mit Ähren M 1515. — Aus J. 7 kenne ich kein sicheres Beispiel eines Herakles-Abenteuers. Denn Bedenken erregt bis auf weitere Beglaubigung die Münze (Æ 10) bei Lavy 3826 (mit Abb. = Turin 7160): I.Z. Herakles rasend reißt Bäume aus (des Oeta, um sich den Scheiterhaufen zu rüsten), zwischen seinen Beinen eine Axt. Offenbar ein anderes Exemplar derselben Münze beschreibt Cohen in dem Katalog der Sammlung Gréau 3194 (Æ 9½ mit zerstörtem Datum): *Milon de Crotone (?) à droite, le genou pris dans le tronc d'un arbre, s'accrochant dans un violent état de souffrance aux branches, à terre un marteau.*

weiterhin recht selten, bis sie mit einem Male im J. 10 wieder sehr häufig auftreten [48]). Nach J. 10 finden sie sich äußerst spärlich [49]).

Das plötzliche Anschwellen dieser Heraklesbilder in J. 10 (aus dem einen J. 10 finden sich mehr Exemplare als in allen übrigen zusammengenommen) und deren plötzliches Versiegen nach J. 10 deutet auf die Decennalien als ihre Veranlassung. Aus J. 10 sind mir folgende Heraklesthaten bekannt [50]), die nach der Häufigkeit ihres Vorkommens in J. 10 geordnet sind (der häufigste Typus beginnt, der seltenste schließt die Reihe): Hesperiden (s. Abb. Nr 22), Diomedes, Augeias, Echidna, Stymphaliden, nemeischer Löwe, kerynitischer Hirsch (s. Abb. 21), erymanthischer Eber, Geryones und kretischer Stier.

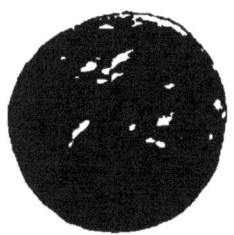

Nr. 20.

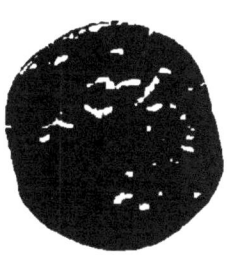

Nr. 21.

Nr. 22.

Zu Gunsten der Beziehung dieser Herakles-Thaten auf die Decennalien weise ich noch darauf hin daß auch abgesehen von den erwähnten Münzbildern unter Antonin [51]) sich Herakles-Darstellungen auf Alexandrinern, so viel ich weiß, sonst nur in Decennaljahren finden. So Herakles stehend mit Keule und Löwenhaut aus Domitians J. 11 (Z 56,96 m. Abb. = M 468), aus Trajans J. 10 (M 575. B 426 m. Abb. Heideken. Athen), aus Hadrians J. 11 (D 1290) und aus Diocletians J. 10 (M 3688 aus Banduri) [52]).

48) Mir sind 126 Exemplare aus verschiedenen Sammlungen bekannt, davon sind 70 aus J. 10, 53 aus J. 4—6 und 8—9, 3 aus Jahren über 10 (s. Anm. 49).

49) Aus Jahren nach 10 kenne ich nur das Hesperiden-Abenteuer aus LKA und Hydra und Stymphaliden, beide aus LIE, alle drei Exemplare in Wien.

50) Alle diese Abenteuer finden sich auch in anderen Jahren des Antonin. Sonst sind noch (in J. 4—6. 8. 9. 15 und 24) nachgewiesen die Abenteuer mit Hydra, Antaios, Pholos, Amazone, Kerberos (s. Abb. 20, aus LE) und Syleus. Diese alle sind selten.

51) Und natürlich gleichfalls abgesehen von den Heraklesbildern auf Münzen des Nomos Herakleopolites und auf Alexandrinern des Commodus und des Maximianus Herculius, s Anm. 52. Commodus als Herakles stehend, mit den Hesperidenäpfeln, Keule und Löwenhaut, wird von Nike bekränzt, dabei die Inschrift PWMAIWN HPAKΛEA LΓ, M 2406; und mit derselben Inschrift und aus demselben Jahr Commodus als Herakles auf Waffen sitzend, hält auf der Rechten eine kleine Nike, in der Linken Keule und Löwenhaut, B 1411 m. Abb., beide Potin.

52) Man könnte diese späte Heraklesdarstellung beanstanden wollen, doch bedenke man die Heraklesdarstellungen auf den Münzen des Maximianus, Diocletians Mitregenten.

Von dem Wenigen was sich an Herakles-Abenteuern auf Alexandrinern nach Antonin findet ist folgendes unserer Auffassung günstig.

Unter den höchst seltenen Alexandrinern des Geta erscheint eine Münze des Caesar Geta aus J. 11 des Septimius Severus (Æ 6): Herakles zerdrückt den von ihm in die Höhe gehobenen Antaios (B 1479 m. Abb.). Dieses Stück kann sehr wohl auf die Decennalien des Septimius Severus hindeuten, von deren großartiger Feier wir zwar durch Cassius Dio hören (s. oben S. 26), aber aus den in jener Zeit so spärlichen (S. 20) Alexandrinern nichts entnehmen können [53]).

Auffällig ist dagegen die einzige noch übrige Darstellung einer Heraklesthat auf einem Großkupfer des M. Aurel, Herakles im Kampfe mit dem nemeischen Löwen darstellend, mir nur aus B 1289 bekannt. Es ist — abgesehen von den eben besprochenen Geta-Münzen — das einzige Herakles-Abenteuer nach Antonin auf Alexandrinern. Die Vorderseite ist schlecht erhalten, namentlich auch die Inschrift. Die Münze würde aufhören auffällig zu sein, wenn sie statt für Kaiser M. Aurel vielmehr für ihn als Caesar im J. 8 des Antonin geschlagen wäre. Aber dieser Ausweg wird dadurch versperrt daß, wie mir ausdrücklich versichert wird, die Vorderseite den M. Aurel in vorgerücktem Alter zeigt. Das als zweifelhaft in B bezeichnete Datum LIE wird mir als ganz undeutlich angegeben.

Unter M. Aurelius ist ein starker Nachlaß der alexandrinischen Prägung bemerklich. Während sich von Trajan bis Antoninus die Prägung im Durchschnitt erheblich steigert, sinkt sie unter M. Aurel etwa auf ein Drittel der trajanischen herab und gegen das Ende der Regierung M. Aurels versiegt sie fast ganz. Freilich erhebt sich auch unter M. Aurel die Prägung im J. 10 bemerklich über die der Nachbarjahre; doch gewährt dies allein keinen ausreichenden Grund an die Decennalien als Ursache zu denken.

17. Dürfen wir auf die gewonnenen Ergebnisse gestützt es wagen, freilich auf unsicherem Boden, noch weiter zu gehen?

Die sogenannten Nomen-Münzen, d. h. die in der Münzstätte zu Alexandria hergestellten Münzen mit Inschriften und Bildern auf der Rückseite welche sich auf die Bezirke (νομοί, *praefecturae*) Ägyptens beziehen, sind noch in vieler

---

53) Durch die oben erwähnte Geta-Münze gewinnt an Glaubwürdigkeit die wegen des Bildes auf der Rückseite von Zoega beanstandete, nach S. Erizzo bei Z 258,3 verzeichnete, Münze des Geta (mit freilich fehlerhafter Umschrift der Vorderseite): Herakles erschlägt die Hydra mit der Keule (s. die ähnliche Münze des Antoninus Pius abgebildet bei Z Taf. XI), ohne Datum. Über die Tilgung der Jahrzahl auf Alexandrinern des Geta siehe Huber, Wiener Numism. Zeitschr. III 294.

Beziehung für uns ein Rätsel [54]). Sie finden sich nur in Domitians J. 11 [55]) in Trajans Jahren 11—15 und 20 [56]), unter Hadrian (von ganz vereinzelten Beispielen abgesehen, s. Anm. 57) in J. 11 und in des Antoninus Pius J. 8 (auf dessen Nomenmünzen und auf denen des Caesar M. Aurelius). Aus diesem Thatbestand

[54]) Nicht verständlich ist mir die Bemerkung Mommsens über die Nomenprägung in der Röm. Gesch. V 558 (vgl. dazu W. Froehner, annuaire de la soc. franç. de numism. XIV [1890] 275); ebenso was R. Weil in der Festschrift der Berliner numism. Gesellschaft 1893, S. 38 äußert. H. Dannenberg in den Grundzügen der Münzkunde (Lpz. 1891) S. 131 sagt richtig daß diese Gaumünzen nicht in den einzelnen Nomen, sondern in Alexandria geschlagen seien und meint, daß sie sich genugsam aus dem wissenschaftlichen Geiste jener Zeit erklären. Die Wissenschaftlichkeit der Zeit mag bei der künstlerischen Darstellung der Nomengötter oder Nomenpersonifikationen mitgewirkt haben, aber durch sie veranlaßt und hervorgerufen sind die Gaumünzen sicherlich nicht.

[55]) Die Nomenmünzen Domitians sind von der größten Seltenheit. Mir sind nur drei Typen in zusammen sechs Exemplaren bekannt, alle Æ 27—29 mm, alle aus J. 11 mit folgenden Rückseiten: 1) NOMOC CEBENNITHC Ares? L. oder r. stehend, mit Helm Panzer Stiefeln, R. auf Speer, in dem l. Arm Schwert in Scheide, unten ein kleiner Vierfüßler (Hase? Hirsch?). In Berlin (J. Friedlaender, Wiener Numism. Zeitschr. I 396), Osnabrück (in der Schledehaus'schen Sammlung, J. Friedlaender, Berl. Bl. f. Münzk. IV 31 Taf. 42,3) und London B p. 354.56. — 2) NOMOC ΟΞΙΡΓΥΝΧΙΤΗC Athene l. stehend, auf vorgestreckter R. die Nike, L. an dem Speer. In Berlin (Friedlaender, Berl. Bl. f. Münzk. IV 29 Taf. 42,1). — 3) NOMOC MENΦITΗΣ jugendliche Gestalt r. stehend, auf der L. eine Schlange, in der herabhängenden R. einen Stab, zu ihren Füßen Apisstier mit Scheibe zwischen den Hörnern und Halsband. In Berlin zwei Exemplare (Friedlaender Berl. Bl. f. Münzk. a. a. O. S. 30 Taf. 42,2). —

[56]) Unrichtig heißt es bei Feuardent, collections Demetrio, Egypte ancienne II 293 (und ebenso bei Head, HN 722) daß die Nomenmünzen Trajans von dessen Jahr 12 bis 16 reichen. Zunächst gibt es deren, wenn auch sehr wenige, schon aus Trajans J. 11. So sind, wie mir noch ausdrücklich bestätigt wird, sicher aus diesem Jahr eine Münze des Nomos Memphites B p. 345,19) und ebenso sicher eine des Nomos Herakleopolites, früher in O. Seyffer's Münzsammlung (s. deren Katalog I Nr 1065, jetzt im Besitz A. Lobbecke's in Braunschweig. — Andere angeblich aus diesem Jahr stammende Münzen sind freilich unsicher: so B 357,70 (Arsinoites): das Datum ist undeutlich und eine sichere Lesung unmöglich. Ebenso die einst im Besitze von Töchon befindliche Münze des N. Hypselites; s. dessen Recherches sur les nomes p. 98. Dort (und daraus bei Ms 27) ist sie als in LIA geprägt verzeichnet, während dasselbe Exemplar vorher bei M 61 mit LIΓ beschrieben worden war. Vgl. auch V. Langlois, numismatique des nomes d'Égypte p. 20. Dieselbe Münze wird in der Rev. numism. N. S. XV 20,1 aus der Pariser Sammlung beschrieben, leider ohne Jahresangabe; aber mir wird versichert daß Paris keine Nomenmünze Trajans aus J. 11 besitze. — Dann kommen Nomenmünzen vor aus Trajans J. 12. 13. 14 und 15. Aus J. 16 und den zunächst folgenden sind mir keine Beispiele bekannt. Dagegen findet sich in Berlin aus dem letzten alexandrinischen Jahre Trajans LX eine solche des Nomos Saites (mir im Abguß vorliegend: ... ΝΑΡΙCΕΒΓ ΕΡΜΑ ... Belorbeerte Büste Trajans mit Aegis r.)([CAE] ITHC NOMOC Athene l. stehend im Helm, die r. Hand auf dem am Boden stehenden Schild, die l. am Speer, links im Feld LK, Æ 9½. Daß die Münze aus Trajans letzten Jahren ist (nicht vor seinem alexandrinischen J. 18) zeigt schon die Bezeichnung des Kaisers als Ἄριστος Σεβαστός = Optimus Augustus; und da ihr Datum sicher steht, so ist die unvollständige Legende der Hauptseite so zu ergänzen: AVT TPAIAN APICEB ΓΕΡΜ ΔΑΚΙΚ ΠΑΡ. Ein der Berliner Münze ganz ähnliches Exemplar, aber mit verwischtem Datum, s. B p. 353.53.

und aus naheliegenden Erwägungen folgt daß diese Prägungen nicht von einer für bestimmte Bezirke und Zeiten gewährten besonderen Munzerlaubnis abhingen, sondern vom Mittelpunkt des Landes einheitlich geregelt wurden, also auch aus allgemeineren das Ganze angehenden Gesichtspunkten angeordnet gewesen sein müssen. Es waren also außerordentliche, bei besonderer Gelegenheit im provinzialen Interesse erfolgende Prägungen; daher erklärt sich auch die große Seltenheit der Nomenmünzen.

Wenn nun oben (S. 35) eine Reihe von Alexandrinern aus Domitians J. 11 mit Wahrscheinlichkeit auf dessen Decennalien bezogen worden ist, so darf man wohl auch die Nomenprägung desselben Jahres damit in Verbindung bringen und ebenso die Nomenprägung unter Hadrian, welche fast nur in dessen J. 11 erscheint.

Die Feier der Decennalien konnte ebensowohl im Laufe des zehnten Regierungsjahres als nach dessen Vollendung veranstaltet werden: daher läßt sich das J. 11, das ja auch die meisten der oben S. 35 behandelten Alexandriner Domitians tragen, gut erklären, und noch um so besser als von Hadrians zehntem römischen Jahre gar 11½ Monate in dessen elftes alexandrinisches Regierungsjahr fielen. Zudem sind die hadrianischen Nomen-Münzen — fast alle aus J. 11 [57]) — die bei weitem häufigsten aller: von ihnen allein kennen

---

[57]) Nomenmünzen Hadrians aus anderen Jahren als J. 11 sind außerordentlich selten. Dahin gehört ein Großkupfer des Nomos Saites aus J. 7 in Paris (M 137: hier richtig beschrieben, wie mir ausdrücklich versichert wird; dasselbe Exemplar ist abgebildet bei Tôchon, recherches sur les médailles des nomes p. 206), ferner ein Großkupfer des Nomos Herakleopolites, gleichfalls aus J. 7 bei Tôchon, recherches p. 125 (dort abgebildet = Ms 36, hier nicht ohne einen Zweifel an der Echtheit verzeichnet). Anderes ist ohne weiteres als falsch beschrieben anzusehen oder bis auf weitere Beglaubigung zu beanstanden. So eine M. des N. Arsinoites Æ 4 aus J. 2 in Turin bei S. Quintino, medaglie dei nomi nel museo di Torino, Turin 1834, p. 10 und 20. S. Quintino ist in seinen Münzbeschreibungen öfters recht absonderlich, und jene Münze fehlt im neuen Turiner Katalog von A. Fabretti. — Ferner eine Münze des N. Sebennytes aus J. 6, Großkupfer in Osnabrück (Schledehaus in Grote's Münzstudien II 481); das Datum nennt Schledehaus selbst zweifelhaft und mir wird versichert daß ein solches gar nicht zu sehen sei. Ferner eine Münze des N. Hermopolites aus J. 8, Großbronze, in Osnabrück (Schledehaus a. a. O. II 481): das J. 8 ist sicher, weniger die Zuteilung an Hadrian; der Kopf ist ziemlich verwaschen, aber er ähnelt Hadrian noch am meisten, von der Umschrift der Hs. ist nur AΔ lesbar. Man möchte des Jahres wegen am ehesten an Antoninus Pius denken, zumal das Stück ein Großkupfer ist: doch giebt es vom N. Hermopolites unter Hadrian Großbronzen, die ja sonst bei ihm höchst selten sind. Siehe das in der Darstellung dem Osnabrücker gleiche Pariser Exemplar M 55 (abgebildet bei Tôchon, recherches p. 114, Langlois, nomes tbl. I 4 und Rev. numism. N.S. XV tb. 1,15 , dessen Datum leider unleserlich ist. Offenbar dieselbe oder eine ganz ähnliche M. desselben Nomos, gleichfalls Großkupfer, hat Vaillant e M. Capello verzeichnet, s. Z 123, 221, aber aus LIA, also dem regelmäßigen Jahr der hadrianischen Nomenprägung: ein gleichartiges Großkupfer desselben Nomos Hermopolites unter Hadrian, gleichfalls wahrscheinlich aus LIA,

wir, nach Nomen und Bildern gerechnet, aus J. 11 mehr als über doppelt so viele als von allen übrigen — nach Kaiser, Ort, Jahr und Bild — zusammen genommen.

Wie sehr die Nomenprägung in Hadrians J. 11 die ganze übrige überragt zeigt sich auch darin daß von allen [58]) Nomen von denen überhaupt Münzen bekannt sind (es sind dieser Nomen über fünfzig) solche in jenem elften Jahre sich finden, während von Trajan, obwohl sich dessen Prägung über viel mehr Jahre erstreckt, bis jetzt nur von etwa 25 Nomen, von Antoninus Pius (und M. Aurel) nur etwa von 18 Nomen Münzen nachgewiesen sind.

Freilich läßt sich gegen diese Erklärung auch Mancherlei einwenden: Die betreffenden Nomenmünzen haben verschiedene Größe: die Domitians sind Mittelbronzen (um 28 mm im Durchmesser = Æ 6—7^{1}/$_{4}$), die Hadrians sind (abgesehen von einigen sehr spärlichen Großbronzen, s. Anm. 57) Kleinbronzen in zwei Arten, einer größeren (um 18 mm = Æ 4) und einer kleineren (um 12 mm = Æ 2). Alle übrigen Nomenmünzen, also die Trajans, Hadrians und Antonins nebst denen des Caesar M. Aurel sind Großbronzen [59]). Diese Prägungen scheinen also unter sich keinen Zusammenhang zu haben. Unter Trajan kommen Nomenmünzen nicht nur im J. 11 vor wie bei Domitian und fast nur bei Hadrian, sondern auch aus J. 12—15 und 20, und unter Antoninus Pius (mit dem Caesar M. Aurel) finden sich, wie schon oben Seite 42 bemerkt wurde, Nomen-Münzen nur aus J. 8.

Aber diese Einwendungen widerlegen unsere Ansicht nicht.

Die Nomenprägungen Domitians, Trajans und Hadrians liegen zeitlich beträchtlich auseinander (16 und 19 Jahre): daher ist eine Anknüpfung der folgenden Nomenprägungen an die vorhergegangenen in den Äußerlichkeiten der

findet sich im britischen Museum (B p. 360,83). — Vom N. Lycopolites gibt Ms 30 und 31 zwei Münzen aus LI, aber nach Mionnet's eigenen Andeutungen gehören sie sicher in LIA. Sodann verzeichnet M 47 von N. Herakleopolites eine M. aus LI der Sammlung Töchon, aber Töchon selbst recherches p. 121 gibt richtig LIA es ist eine der häufigeren Nomenmünzen). Endlich ist die M. des Nomos Herakleopolites aus J. 14 (auch eine Großbronze und nur aus Arigoni bekannt!) aus verschiedenen Gründen sehr verdächtig (M 51. Töchon, recherches 125).

58. Die beiden Münzen welche dieser Behauptung zu widersprechen scheinen, eine des 'N. Oasites' aus Trajans J. 12 M 103) und eine des 'N. Nikopolites' aus Antonins J. 8 (M 102), sind Fälschungen. S. Töchon, recherches p. 33. 36.

59) Die Trajansmünzen von Diopolis Megale und von Aphroditopolis, beide aus LII und Æ 2 (Ms 10 und 32; s. V. Langlois, numism. des nomes d'Égypte p. 7. 22), und die von Mendes des Antoninus Pius, aus ungewissem Jahr und Æ 6 (Ms 51), beruhen sämtlich nur auf Sestini's nicht ausreichendem Zeugnis. Auch abgesehen von der Größe sind Sestini's Beschreibungen dieser Münzen auffallig.

Münzen gar nicht zu erwarten. Anderseits ist nachdrücklich darauf hinzuweisen daß die Nomenmünzen Domitians in Größe und Arbeit jenen früher besprochenen Alexandrinern Domitians von J. 11 mit den Inschriften Ἐλπίς, Νείκη, Τύχη u. s. w. Σεβαστοῦ, die wir auf die Decennalien bezogen haben, sehr ähnlich sind, namentlich in der sorgfältigen und zierlichen Ausführung (s. J. Friedlaender Berl. Bl. f. Münzk. IV 29; Wiener Numism. Zeitschr. I 396). Auch dadurch wird deren Verknüpfung mit den Decennalien nahe gelegt, worauf bereits Friedlaender a. a. O. hingewiesen hat; s. auch W. Froehner, annuaire de la soc. franç. numism. XIV [1890] 275.

Daß unter Trajan in fünf aufeinanderfolgenden Jahren (J. 11—15) Nomenmünzen erscheinen, könnte nach Analogie des Palmzweigs erklärt werden [60]), der als Hinweis auf die Decennalien auch in den auf J. 10 (11) folgenden Jahren erscheint, und die Nomenprägung im J. 20 entsprechend aus einer Feier der zweiten Decennalien Trajans. Doch ist ja nicht zu erwarten daß die Nomenprägung, wenn sie einmal eingeführt war, stets nur aus der beim ersten Male wirksamen Ursache wiederholt wurde, und es lassen sich für solche Wiederholungen die verschiedensten provinzialen Anlässe denken, wie denn die Nomenmünzen aus J. 8 des Antoninus Pius überhaupt nicht auf Decennalien bezogen werden können. Aber das hat für die Erklärung des Ursprungs der Nomenmünzen um so weniger eine Bedeutung als zwischen der hadrianischen Nomenprägung und derjenigen unter Antoninus Pius 18 Jahre liegen, und das J. 8 Antonins, an Alexandrinern unter Antoninus Pius eines der fruchtbarsten, auch sonst in der Prägung der Alexandriner ganz besondere Eigentümlichkeiten zeigt, z. B. die merkwürdigen weder vorher noch nachher dort vorkommenden Münzen mit den Bildern des Tierkreises [61]). Ich halte daher den Zusammenhang

---

60) Dieser Erklärung ist der Thatbestand insofern nicht günstig als die Nomenmünzen, in Trajans J. 11 äußerst selten, erst von J. 12 etwas häufiger vorkommen und bei weitem am häufigsten aus J. 13 sich finden. In den Jahren 14 und 15 erscheinen sie wieder sehr selten und aus der Zeit von J. 16—20 ist, wie schon oben S. 42 bemerkt, nur eine Münze (aus J. 20) bekannt.

61) Alle zwölf Constellationen des Tierkreises finden sich auf Alexandrinern. Poole sagt freilich B p. LVII daß er kein Beispiel für die Constellation des Merkur im Zeichen der Zwillinge kenne. Aber schon Zoega (p. 184) hat offenbar mit Recht hierher bezogen die M. des Mus. Theupoli II f 149 Æ 9 mit unleserlichem Jahr: *Caput tutulatum, infra a dextris* (f. d. B. l.) *Hercules stans, d. clavam, s. spolia leonis, a sinistris* (f. d. B. r.) *Apollo stans, s. cetram, in area astrum* (= Z. 184, 175 = M 1616). Dieselbe Münze (und zwar mit LH) in Turin 7182, bei Heideken 2801 und in Tübingen. Daß die Münze in diese astronomische Reihe gehört beweist schon der Stern, der sich vor der nach rechts gerichteten Merkurbüste im Felde befindet; denn bei allen übrigen hierher gehörigen Münzen steht vor der oben im Feld befindlichen Büste des betreffenden Planeten gleichfalls ein Stern. Auch daran ist nicht etwa Anstoß zu nehmen daß Apollon und Herakles hier die Stelle der Zwillinge ver-

der Nomenprägung unter Domitian und Hadrian, möglicherweise auch unter Trajan, mit den Decennalien für wahrscheinlich, und glaube daß sich aus diesem Gesichtspunkte auch besonders gut die Thatsache erklärt daß auf den Münzen der einzelnen Nomen deren örtliche Götter und Kulte sich abgebildet finden. Diese Bilder deuten den Nomos an (s. W. Froehner a. a. O.) der dem Kaiser, dessen Bild die Vorderseite einnimmt, seine Verehrung bezeugt. Und indem nicht ein einzelner Bezirk, sondern alle einzelnen im Vereine, aus allgemeiner alle angehender Veranlassung, dem Kaiser sich huldigend nahen, huldigt ihm das ganze Land.

18. Wir fassen die Ergebnisse unserer Untersuchung zusammen.

Die kaiserlichen Decennalien wurden seit Augustus festlich begangen, jedoch läßt sich ein Hinweis darauf auf den alexandrinischen Münzen der ersten Kaiser nicht auffinden (doch s. S. 37). Die Münzen mit dem Zeichen oder Bilde I (beziehungsweise mit K), welche von Augustus bis Hadrian vorkommen, können dadurch nicht veranlaßt sein (s. S. 25).

Wohl aber wird unter Domitian ein Einfluß der Decennalien auf die Münzprägung bemerkbar in der sehr gesteigerten Prägung (s. S. 36) in J. 10 und namentlich in J. 11, dann in den sorgfältiger als sonst geprägten nur unter Domitian in J. 10 und namentlich in J. 11 vorkommenden Erzmünzen mit den Bildern verschiedener Göttinnen wie ΕΛΠΙϹ ΝΕΙΚΗ ΤΥΧΗ, deren Walten durch die Inschrift ϹΕΒΑϹΤΗ auf den Kaiser bezogen wird (s. S. 35). Die gleichartigen und gleichzeitigen Nomenmünzen aus J. 11 Domitians scheinen gleichfalls durch die Decennalien veranlaßt zu sein (s. S. 45).

Dieser Vorgang berechtigte uns die mit dem J. 11 Trajans sehr stark — namentlich auch in stattlichem Großkupfer (s. S. 37) — anschwellende Prägung auf den gleichen Anlaß zurückzuführen: in demselben Jahre unter Trajan beginnt die Nomen-Prägung (s. S. 42).

Unterstützt wird diese Auffassung durch den Sachverhalt unter Hadrian, dessen J. 10 und besonders 11 ein höchst auffallendes Anwachsen der Prägung zeigen (s. S. 38). Zudem werden fast nur in Hadrians J. 11 Nomenmünzen geprägt und zwar, verglichen mit den übrigen Prägungen, weitaus am zahlreichsten und mannigfaltigsten von allen (s. S. 43).

In der sehr reichlichen Alexandriner-Prägung des Antoninus Pius ist auch J. 10 einer der Höhepunkte (s. S. 38). Diesen dürfen wir um so mehr von den Decennalien verursacht glauben als jenes Jahr Antonins mit dem J. 900 der Stadt Rom zusammenfiel. Unter anderem wurde durch eine glänzende Reihe

---

treten: vgl. Hygin. astron. poet. II 22 p. 397 M. *geminos complures Castorem et Pollucem esse dixerunt . . . . alii dixerunt Herculem et Apollinem esse, non nulli etiam Triptolemum et Iasion*.

von Heraklesthaten auf den Alexandrinern das Doppel-Fest von Kaiser und Reich gefeiert (s. S. 38).

Unter M. Aurelius, unter dem die alexandrinische Prägung überhaupt stark nachläßt, fanden wir nichts das auf die Decennalien hindeutete (S. 41). Die Jahrzahl 10 (LI) im Kranze kommt zwar hier zuerst vor (S. 19), ist aber nicht auf J. 10 beschränkt.

Bisher waren wir nur auf Vermutungen angewiesen. Um so erfreulicher ist es daß uns nun unter Commodus zum ersten Male die Inschrift ΠΕΡΙΟΔΟC ΔΕΚΑΕΤΗΡΙC im Kranze entgegentritt (s. S. 19), welche die Decennalien als ihren Anlaß ausdrücklich verbürgt. Dieses Bild ist von den römischen Münzen entnommen welche seit Antoninus Pius und namentlich auch unter Commodus eine auf die Decennalien bezügliche lateinische Inschrift im Kranze auf der Rückseite zeigen (s. S. 27). Der Kranz aber ist das Zeichen der Huldigung und Ehrenerweisung für den Kaiser, zunächst entlehnt von der Nike, der Schutzgöttin von Kaiser und Reich, deren gewöhnlichste und auf Alexandrinern unzähligemal vorkommende Attribute Kranz und Palmzweig sind (s. S. 30. 31).

Die nächsten Decennalien des Septimius Severus, die prächtig gefeiert wurden (s. S. 26), fallen für uns aus, da die Alexandriner aus seiner Regierung überaus selten sind (s. S. 20); doch bezieht sich möglicherweise eine Herakles-Darstellung auf einer Münze des Caesar Geta aus J. 11 des Severus auf des letzteren Decennalien (s. S. 41). Die folgenden Decennalien beging Severus Alexander mit großem Glanze (s. S. 26). Auch Alexandriner mit ΠΕΡΙΟΔΟC ΔΕΚΑΤΗ im Kranze weisen darauf hin (s. S. 20). Außerdem wurde ihnen zu Ehren die außer Übung gekommene Prägung von Großkupfer für das eine J. 10 wieder aufgenommen (s. S. 7. 16), und es wurde sowohl darauf als auf fast alle Münzen dieses und der folgenden Alexander-Jahre (des Alexander selbst und seiner Mutter Mamaea) neben das Hauptbild der Rückseite als Beizeichen der Palmzweig gesetzt (s. S. 3 fll.).

Dieses Beizeichen war vorher auf Alexandrinern nur ganz vereinzelt gebraucht worden, zumal in den Typen des Hermanubis und der Isis mit dem Horosknaben (s. S. 5. 6) [62]). Jetzt hat es eine besondere Bedeutung gewonnen. Der Palmzweig beglückwünscht den Kaiser zur zehnjährigen Regierung (s. S. 31)

---

[62]) Den Palmzweig als Attribut der Isis bezeugt außer dem oben S. 5 und 6 Angeführten folgende gewöhnlich Panopolis zugeteilte Münze: ΘΕΟΥ ΠΑΝΟC Isisbüste r. mit Kopfschmuck und dem auf der Brust geknoteten Gewand)(Sistrum, im Feld r. Messer? und Palmzweig, im Feld l. LC (auch LZ?), Æ 4—5 (Z. p. 400 mit der Abbildung auf Taf. XXI. M VI 542, 111—113. Ms. IX 153. 22. D 3595 m. Abb. II p. 366, 110. Turin 8936. 8937).

ebenso wie der Kranz, und er bleibt auch auf den Münzen der folgenden Jahre als ein Zeichen der erreichten, auch für die Zukunft Glück verheißenden Stufe der Herrschaft (s. S. 17). Aber die Palme stammt nicht wie der Kranz von den römischen Münzen, sondern von den ostgriechischen, besonders den Vorgängern der kaiserlichen Alexandriner, von den Ptolemäer-Münzen (s. S. 32). Auch er gemahnt an die Nike, die mit der Palme dem Sieger huldigt, oder läßt an den Adler denken, der wie den Kranz so auch den Palmzweig trägt, an den kaiserlichen Vogel, der mit der Palme ausgestattet als Inhaber und Verwalter siegreicher Machtfülle erscheint (s. S. 33).

Nachdem der Palmzweig unter Alexander zur Verherrlichung des Kaiserdecenniums eingeführt worden, wird er zunächst im J. 6 der beiden Philippi auf Großkupfer — einer neuen Auffrischung jenes unter Severus Alexander wieder aufgekommenen Großkupfers — verwandt um auf das Jubiläum des tausendjährigen Reichs hinzudeuten (S. 7). Das ist aber und bleibt eine Ausnahme.

Auch weiterhin dient die Palme als Hinweis auf die Decennalien. So gleich bei dem nächsten Kaiser der solche feiern konnte, bei Gallienus. Sie findet sich auf dessen Münzen und denen seiner Gemahlin Salonina von J. 10 ab, zunächst unregelmäßiger, dann regelmäßig (s. S. 11), wobei man jedoch auf das Beizeichen dann verzichtet wenn es bereits im Hauptbild (Nike, Adler, Hermanubis) vertreten ist (s. S. 14. 32). Außerdem verbürgen uns die Beziehung auf die mit aller Pracht (s. S. 26) begangenen Decennalien Gallien's Alexandriner mit ΔΕΚΑΕΤΗΡΙC ΚΥΡΙΟΥ im Kranze oder mit LI im Kranze (s. S. 21).

Die letzten Decennalien im Bereiche der alexandrinischen Kaisermünzen feierten Diocletian und sein Mitkaiser Maximianus. Auch auf ihren Alexandrinern findet sich erst vom J. 10 ab der Palmzweig als Beizeichen, aber sehr unregelmäßig (s. S. 9. 16) und auf Münzen Diocletians die Inschrift ΠΕΡΙΟΔΟC ΔΕΚΑΤΗ. In den letzten Jahren der alexandrinischen Prägung hatte der Palmzweig seine frühere Bedeutung eingebüßt und er erscheint auf Münzen aus beliebigen Jahren. So auf Münzen der Caesares Constantius I und Galerius Maximianus und auf solchen des Domitius Domitianus (s. S. 8. 9).

Verzeichnis

der abgebildeten alexandrinischen Münzen (Rückseiten).

(Die Nrn 1. 4. 5. 6. 17 und 18 sind hergestellt nach Abgüssen von Originalen des K. Münzkabinets in Berlin, die Nrn 2 und 19 nach Abgüssen von Originalen der Sammlung A. Löbbecke in Braunschweig, die übrigen vierzehn nach Originalen der Tübinger Münzsammlung.)

Seite

Nr 1 Hermanubisbüste, Hadrian, Æ (M 1176) 5
»   2 Isis mit Horus, Hadrian, Æ (vgl. M 1137) 5
»   3 Serapiskopf auf ausgebreitetem Adler, Hadrian, Æ (B 743) 6
»   4 Adler mit Kranz im Schnabel, Philippus I, Æ (M 3074) 7
»   5 Tyche stehend, Otacilia, Æ (D 2868bis) 7
»   6 Ammonkopf, Philippus II, Æ (in Berlin, sonst nicht nachgewiesen) . . . 7
»   7 Nike mit Kranz und Palme gebend, Severus Alexander, Pot. (M 2699) . . 13
»   8 Serapiskopf, Mamaea, Pot. (M 2762) 13
»   9 Adler mit ausgebreiteten Flügeln einen Kranz unterstützend, Gallienus, Pot. (M 3304) 14
» 10 Eirene, Salonina, Pot. (M 3368) 14
» 11 Tyche liegend, Mamaea, Æ (in Tübingen, sonst nicht nachgewiesen) . . . 16
» 12 ΠΕΡΙΟΣ ΔΕΚΛΕΤ im Kranze, Commodus, Pot. (M 2366) 20
» 13 ΠΕΡΙΟΔΟC ΔΕΚΑΤΗ im Kranze, Severus Alexander, Pot. (M 2692) 21
» 14 ΔΕΚΛΕΤΗΡΙC ΚΥΡΙΟΥ im Kranze, Gallienus, Pot. (M 3293) 21
» 15 Nike mit Kranz und Palme stehend, Gallienus, Pot. (M 3308) 22
» 16 Adler im Schnabel den Kranz und die Palme schulternd, Gallienus, Pot. (M 3283) 32
» 17 Athene stehend, Domitianus, Æ (M 445) 35
» 18 Elpis stehend, Domitianus, Æ (M 473) 35
» 19 Nike sitzend, Domitianus, Æ (Ms 81) 36
» 20 Herakles und Kerberos, Antoninus Pius, Æ (vgl. M 1513) 40
» 21 Herakles und Hirsch, Antoninus P., Æ (vgl. M 1702) 40
» 22 Herakles bei den Hesperiden, Antoninus P., Æ (M 1703) 40

Register.

Adler mit Palmzweig S. 6. 13; ausgebreitet mit Kranz in den Fängen 22; Serapiskopf unterstützend 6; Kranz unterstützend 4. 21; mit Palme über dem Flügel 4. 13. 32. 33; mit Kranz im Schnabel 13. 33.
Alexander Severus s. Severus.
Antoninus Pius 27. 38. 42.
Anubis s. Hermanubis.
Ἀπόλλων Ἄκτιος, Πύθιος u. dgl. 36.
Armenia 31.
Athene und Palme 6. 13.
Augustus 19. 22. 26. 37.
Aurelianus 21.
Aurelius, M. 19. 22. 26. 29. 41.
Beizeichen, auf Alexandrinern selten 5.
βῶτα = vota 22.
Caracalla 17. 20. 31.
Claudius 22. 37.
Claudius Gothicus 30.
Commodus 17. 19. 29.
Constantinus 18. 26. 27.
Constantinsbogen 27.
Constantius I 8. 16. 27.
corona millesimi urbis anni 30.
decennales primi 20. 27.
Decennalien des Augustus 26. 37; Claudius 37; Domitian 35; Trajan 37; Hadrian 38; Antoninus Pius 27. 38; M. Aurel 27. 41; Commodus 19. 27; Septimius Severus 20. 26; Severus Alexander 4. 20; Gallienus 21. 26; Diocletianus 21; Maximianus 21; Constantius und Maximianus Caess. 16. 27; Constantinus 26. 27; Theodosius 27.
Decennalien, literarische Nachrichten darüber 26; auf römischen Münzen 26; auf Inschriften 26; bildliche Darstellungen 27.
decennia 26.
δεκαετηρία 20.

δεκαετηρὶς κυρίου 21.
Diocletian 4. 9. 16. 19. 15. 16. 21. 26.
Domitian 23. 35. 42.
Domitius Domitianus 4. 8. 9. 16.
Doppeldaten auf Alexandrinern 25.
Drusus, seine Alexandriner? 19.
Elagabal 27. 28.
ἔτους δεκ. ἱεροῦ 36.
ἔτους νέου ἱεροῦ 32. 37.
Euthenia 28. 36.
Faustina 19.
Galba 32.
Gallienus 4. 14. 21. 25. 26. 30.
gemini = Apollon und Herakles 45.
Geta 20. 31. 41.
Großkupfer, Aufkommen auf Alexandrinern 16; unter Severus Alexander 16. 17; unter den Philippi 7. 15; spätere 17.
Hadrian 23. 38. 42.
Ἡράκλεια Ῥωμαίων 40.
Herakles-Abenteuer 39. 40. 41.
Hermanubis 4. 5. 13. 32. H. und Palme 5.
Hermes s. Hermanubis.
| Bedeutung? 23. 26.
Isis und Horos 5; Isis und Palmzweig 5. 6. 13. 47.
Jahrzahl im Kranz 19; auf Schild 30.
Jahrzahl ohne L 24.
Julia Domna 20.
K auf Alexandrinern 24.
Kaiser am Decennalienfest am Altar opfernd 28.
Kerykeion in Palme ausgehend 4. 6. 32.
Keule 21.
Kranz 19; von den römischen Münzen entlehnt 26; seine Bedeutung 30.
κύριος d. i. Kaiser 21.
L Jahrzeichen, ausgelassen 24. 25.
Livia 19.

Mamaea 4. 14. 16. 21.
Maximianus, Galerius 8. 9. 16. 27.
Maximianus, Valerius, 9. 15. 16. 21. 26.
miliarium saeculum 7.
Nero 16. 23; seine griechische Reise 36.
Nerva 23. 32.
Nike (Victoria) mit Kranz und Palme 4. 13 32. 33;
  Schild haltend, auf Schild schreibend 28. 29.
  30; Νίκη Και Θρατν. 31; Victoria Augusta 31.
Nomen, ihre Münzen 41; unter Domitian, Trajan 42;
  Hadrian, Antonin, M. Aurel 42. 43; deren Ver-
  anlassung 45.
Otacilia 7.
palmam dedit 34.
palmata toga, tunica 34.
Palmbaum 5. 33.
Palmzweig als Beizeichen weist auf Decennalien hin
  3. 4; zwei Palmzweige? 4; vor Severus Alexan-
  der 5. 6; auf Münzen vor Jahr zehn 10. 11;
  nach J. 10 beibehalten 4. 15. 18; fehlt auf Mün-
  zen über Jahr zehn 13; fehlt wenn schon ein
  Palmzweig im Hauptbild 4. 14. 32. 33; Her-
  kunft 31; agonistisch 31. 34; auf griechischen
  Münzen, auf Contorniaten 31; auf römischen In-
  schriften 33; eigentümlich geformt 6.
Pegasus 29.
περίοδος δεκάτη 20. 21.
περίοδος δεκαετηρίς 19.
Philippus I und II 7; Großbronzen 7. 15.
Pietroassa, Silberschale von, 6.
Plautilla 20.
πρόνοια (θεών) 29.
providentia deorum 29.
Rom, 900jährig 38; 1000jährig 7. 15. 30.
Roma 28; R und Palmzweig 13.
Salonina 4. 14.
σεβαστή Ἀθηνᾶ, Δικαιοσύνη, Ἐλπίς, Εὐθηνία, Νείκη,
  Τύχη 35.
σεβαστοφόρος 36.
Septimius Severus 20. 26. 31. 41; Seltenheit seiner
  Alexandriner 20.
Serapis stehend, schreitend 8. 10.
Serapisbüste 28.
Serapiskopf auf ausgebreitetem Adler 6.
Severus Alexander 4. 14. 20; Großbronzen 7. 16. 17.
Severus Septimius, s. Septimius.
στέφανοι τριακονταετηρικοί 30.
Strahlenkrone auf Alexandrinern 10
Theodosius 27.
Tiberius 19. 37.
Tierkreis, abgebildet 45
Trajan 17. 28. 37. 42.
Vaballathos 21.
Valerianus 26.
Verus, L. 16. 19.
Victoria s. Nike.
vota suscepta, soluta 22. 27; s. auch βόατα.
Ζεὺς Καπιτώλιος 36.
Zeuskopf 23.